国家智库报告 2019（38）
National Think Tank
经 济

中国—拉丁美洲与加勒比地区经贸合作进展报告（2019）

岳云霞　洪朝伟　郭凌威　著

THE REPORT ON ECONOMIC AND TRADE COOPERATION BETWEEN CHINA AND LAC (2019)

中国社会科学出版社

图书在版编目(CIP)数据

中国—拉丁美洲与加勒比地区经贸合作进展报告.2019 / 岳云霞,洪朝伟,郭凌威著.—北京:中国社会科学出版社,2019.10

(国家智库报告)

ISBN 978-7-5203-5648-0

Ⅰ.①中… Ⅱ.①岳…②洪…③郭… Ⅲ.①经贸合作—研究报告—中国、拉丁美洲—2019 Ⅳ.①F125.573

中国版本图书馆 CIP 数据核字(2019)第 248780 号

出 版 人	赵剑英
项目统筹	王 茵
责任编辑	喻 苗
特约编辑	郭 枭
责任校对	石春梅
责任印制	李寡寡
出 版	中国社会科学出版社
社 址	北京鼓楼西大街甲158号
邮 编	100720
网 址	http://www.csspw.cn
发 行 部	010-84083685
门 市 部	010-84029450
经 销	新华书店及其他书店
印刷装订	北京君升印刷有限公司
版 次	2019年10月第1版
印 次	2019年10月第1次印刷
开 本	787×1092 1/16
印 张	11.25
插 页	2
字 数	120千字
定 价	59.00元

凡购买中国社会科学出版社图书,如有质量问题请与本社营销中心联系调换
电话:010-84083683
版权所有 侵权必究

摘要： 随着全球化的深入，中拉经贸关系实现了前所未有的跨越式发展。习近平主席指出："拉美地区是21世纪海上丝绸之路的自然延伸，是'一带一路'建设不可或缺的重要参与方"。科学评价拉美营商环境及中拉合作进程，为中国新一轮对外开放建言献策是本报告撰写的主要目的。

本报告构建拉美营商环境指数和中拉双边合作指数评价拉美国家营商环境和分析中拉双边合作进展情况。在拉美营商环境指数方面，选取了政治环境、宏观经济环境、社会环境、贸易环境、投融资环境、基础设施环境、创新能力、资源禀赋八个方面的数据，通过因子分析法，将多个指标压缩成八个主要因子，以衡量拉美各国营商环境发展情况。在中拉双边合作指数方面，选取了政治合作、"一带一路"与双边合作、贸易合作、金融合作、投资合作、人文交流几个方面的指标数据，量化中国与拉美国家在各模块的合作情况。

基于量化分析，本报告得到四点结论：第一，巴西、墨西哥、智利、阿根廷的营商环境及双边合作的整体表现明显优于其他国家；第二，中拉双边合作水平与拉美营商环境的线性关系相较于五年前更为明显，因此二者是相互依托、互相促进的关系；第三，无论是在营商环境评价还是双边合作评价方面，拉美国家互相之间逐渐拉开差距；第四，虽大多数国家双边合作指数的增长率大于营商环境，但整体上营商环境的改善效应大于双边合作，双边合作仍需继续推进。

为此，本报告认为，在中拉合作中，应注意以下几个方面：首先，针对营商环境落后于双边合作水平的，应做好风险管理，2018年，中国与委内瑞拉双边合作位于拉美国家第六位，但委内瑞拉整体营商环境在拉美处于末位，营商环境与合作水平呈现较大程度的不匹配，在此情况下，应做好风险评估和风险控制。其次，对于营商环境发展显著优于合作水平的国家，应充分做好调研，持续追踪，科学评估合作潜力和风险，并将这类国家纳入未来推进中拉合作的国家范围，在本报告的研究中，存在此类现象的国家主要是一些加勒比国家，如安提瓜和巴布达、巴哈马等。再次，对于目前双边合作水平与营商环境发展均较为落后的国家，应从营商环境优势模块入手，以点带面，深度挖掘中国与这类国家合作的可能性，如伯利兹政治环境在拉美国家相对较好，但其他领域则相对落后，我国可首先通过适度开展政治领域合作，通过推动双边合作以带动营商环境的改善，从而提高中拉整体合作水平。

关键词：营商环境；双边合作；因子分析法；平均值法

Abstract: With the deepening of globalization, the economic and trade relation between China and LAC has achieved unprecedented development. President Xi Jinping has pointed out: "Latin America is a natural extension of the 21st Century Maritime Silk Road, is an indispensable and important participant in the construction of 'Belt and Road'." Scientifically appraising the LAC's business environment, and the process of China-LAC cooperation, then providing advice for China's new round of opening up is the main purpose of this report.

To evaluate the business environment of LAC countries and analyze the China-LAC of bilateral cooperation progress, we build the LAC's business environment index and the China-LAC bilateral cooperation index. In terms of the LAC's business environment index, we choose data on eight aspects: political environment, macroeconomic environment, social environment, trade environment, investment and financing environment, infrastructure environment, innovation capability and resource endowment. The indicators are composed of eight main factors to measure the development of the business environment in LAC. In terms of the China-LAC bilateral cooperation index, the data on political cooperation, "Belt and Road" and bilateral cooperation, trade cooperation, financial cooperation, investment cooperation and cultural exchange were selected to quantify the cooperation between China-LAC.

Based on quantitative analysis, we get four conclusions: Firstly, the overall performance of the business environment and bilateral cooperation in Brazil, Mexico, Chile, and Argentina are significantly better than other countries. Secondly, the linear relationship between the level of China-LAC bilateral cooperation and LAC's business environment is more obvious than five years ago, so they are mutually dependent and reinfo-rcing. Thirdly, in terms of business environment or bilateral cooperation evaluation, LAC's countries gradually widen the gap between each other. Fourthly, although the growth rate of most countries'bilateral cooperation index is greater than the business environment, the overall business environment improvement effect is greater than bilateral cooperation, and bilateral cooperation still needs to deepen.

In conclusion, in the China-LAC cooperation, we should pay attention to the following aspects: Firstly, for the countries that business environment leave behind the level of bilateral cooperation, risk management should be done. In 2018, the bilateral cooperation level between China and Venezuela is located at 6 in LAC, but the overall business environment in Venezuela is at the bottom in LAC, the business environment and cooperation level show a large degree of mismatch. Under this circumstance, risk assessment and control should be done well. Secondly, for countries with a significantly better business environment than cooperation level, we should make deep investigation and continuous tracking, scientifically assess the potential and risks of cooperation, and incorporate such countries into the future national framework of China-LAC cooperation. In our study, countries with such phenomena are mainly Caribbean countries such as Antigua and Barbuda and the Bahamas. Thirdly, for countries that are currently leaving behind the level of bilateral cooperation and the development of the business environment, we should take advantage of the business environment module and explore the possibility of cooperation between China and such countries. For example, political environment in Belize is comparatively good in LAC, but other areas are relatively backward. We can begin with appropriately cooperation in the political field to improve the business environment by promoting bilateral cooperation, and finally improve the business environment.

Key Words: Business Environment, Bilateral Cooperation, Factor Analysis, Mean Value Method

目　　录

导　言 …………………………………………………………（Ⅰ）

一　中拉经贸合作进展评价体系构建 ……………………………（1）
　（一）拉美国家营商环境评价指数体系构建……………………（1）
　　1. 政治环境 ………………………………………………（1）
　　2. 宏观经济环境 …………………………………………（2）
　　3. 社会环境 ………………………………………………（5）
　　4. 贸易环境 ………………………………………………（6）
　　5. 投融资环境 ……………………………………………（8）
　　6. 基础设施环境 …………………………………………（9）
　　7. 创新环境 ………………………………………………（10）
　　8. 资源禀赋 ………………………………………………（11）
　（二）中拉双边合作评价指数体系构建 ………………………（11）
　　1. 政治合作模块 …………………………………………（12）
　　2. "一带一路"与双边经济合作模块 ……………………（13）
　　3. 贸易合作模块 …………………………………………（14）
　　4. 金融合作模块 …………………………………………（17）
　　5. 投资合作模块 …………………………………………（18）

    6. 人文交流模块 …………………………………………… (19)
  （三）中拉经贸合作进展评价指数体系 ………………………… (20)

二 拉美国家营商环境评价指数与中拉双边
  合作评价指数 ……………………………………………… (25)
  （一）计量模型 …………………………………………………… (25)
    1. 计量模型的选择 ………………………………………… (25)
    2. 因子分析法 ……………………………………………… (26)
    3. 均值分析法 ……………………………………………… (28)
  （二）拉美国家营商环境评价指数
     实证结果 …………………………………………………… (28)
    1. 2012年拉美国家营商环境评价指数 …………………… (29)
    2. 2017年拉美国家营商环境评价指数 …………………… (34)
  （三）中拉双边合作评价指数实证结果 ………………………… (42)
    1. 2013年中拉双边合作评价指数 ………………………… (42)
    2. 2018年中拉双边合作评价指数 ………………………… (44)

三 拉美国家营商环境及中拉双边合作
  评价模块分析 ……………………………………………… (48)
  （一）拉美国家营商环境评价模块分析 ………………………… (48)
    1. 政治环境 ………………………………………………… (48)
    2. 宏观经济环境 …………………………………………… (49)
    3. 社会环境 ………………………………………………… (50)
    4. 贸易环境 ………………………………………………… (51)
    5. 投融资环境 ……………………………………………… (52)

  6. 基础设施环境……………………………………(53)
  7. 创新环境………………………………………(54)
 (二)中拉双边合作评价模块分析 ………………(55)
  1. 政治合作模块…………………………………(55)
  2. "一带一路"与双边合作模块 ………………(57)
  3. 贸易合作模块…………………………………(58)
  4. 金融合作模块…………………………………(59)
  5. 投资合作模块…………………………………(60)
  6. 人文交流模块…………………………………(61)

四 拉美国家营商环境及中拉双边合作评价
  国别分析 …………………………………………(63)
 (一)安提瓜和巴布达 ……………………………(63)
 (二)阿根廷 ………………………………………(65)
 (三)巴哈马 ………………………………………(66)
 (四)巴巴多斯 ……………………………………(67)
 (五)伯利兹 ………………………………………(68)
 (六)玻利维亚 ……………………………………(70)
 (七)巴西 …………………………………………(72)
 (八)智利 …………………………………………(73)
 (九)哥伦比亚 ……………………………………(74)
 (十)哥斯达黎加 …………………………………(76)
 (十一)古巴 ………………………………………(77)
 (十二)多米尼克 …………………………………(78)
 (十三)多米尼加 …………………………………(80)

    (十四)厄瓜多尔 …………………………………… (82)
    (十五)萨尔瓦多 …………………………………… (83)
    (十六)格林纳达 …………………………………… (84)
    (十七)危地马拉 …………………………………… (85)
    (十八)圭亚那 ……………………………………… (87)
    (十九)海地 ………………………………………… (89)
    (二十)洪都拉斯 …………………………………… (90)
    (二十一)牙买加 …………………………………… (91)
    (二十二)墨西哥 …………………………………… (93)
    (二十三)尼加拉瓜 ………………………………… (94)
    (二十四)巴拿马 …………………………………… (95)
    (二十五)巴拉圭 …………………………………… (96)
    (二十六)秘鲁 ……………………………………… (98)
    (二十七)圣基茨和尼维斯 ………………………… (99)
    (二十八)圣卢西亚 ………………………………… (101)
    (二十九)圣文森特和格林纳丁斯 ………………… (102)
    (三十)苏里南 ……………………………………… (104)
    (三十一)特立尼达和多巴哥 ……………………… (105)
    (三十二)乌拉圭 …………………………………… (106)
    (三十三)委内瑞拉 ………………………………… (108)
  本章小结 …………………………………………… (110)

五 拉美国家营商环境与中拉双边合作
  坐标图分析 ……………………………………… (111)
    (一)基于坐标轴区位分布分析 …………………… (111)

（二）基于坐标轴分布跨时间的动态分析 …………………（112）
　　（三）基于坐标轴趋势线的分析 ……………………………（115）

六　中拉合作进展及政策建议 ………………………………（118）
　（一）主要结论 …………………………………………………（119）
　　1. 营商环境 …………………………………………………（119）
　　2. 双边合作 …………………………………………………（124）
　　3. 动态趋势线分析 …………………………………………（129）
　（二）中拉合作评价及政策建议 ………………………………（129）

后　记 …………………………………………………………（131）

附　录 …………………………………………………………（134）
　附录 A.1　2012 年拉美国家营商环境评价
　　　　　　体系因子载荷矩阵 …………………………………（134）

　附录 A.2　2017 年拉美国家营商环境评价
　　　　　　体系因子载荷矩阵 …………………………………（136）

　附录 B.1　中国—拉美国家双边关系层级
　　　　　　统计 ……………………………………………………（138）

　附录 B.2　中国—拉美国家发表联合
　　　　　　声明个数 ………………………………………………（144）

　附录 B.3　拉美各国加入亚投行时间 …………………………（151）

　附录 B.4　中国在拉美孔子学院分布 …………………………（152）

导　言

随着国际环境的变化和中国的经济政策的调整,拉丁美洲和加勒比地区(以下简称"拉美")在中国外交中的地位逐步上升。2004年,中国首次提出"从战略高度重视拉美",以经贸合作为主动力的中拉合作发展迅速。以2008年和2016年中国先后发布两份对拉美和加勒比政策文件为标志,中拉合作的主动构建特征显现,拉美不仅是中国共建"一带一路"不可或缺的合作者,更是中国构建人类命运共同体的重要一环。

与拉美在中国对外战略中重要性的提升相一致,中拉经贸进展迅速。然而,与在拉美地区经营上百年的美欧企业不同,中国企业作为地区市场的后来者,面临的市场竞争环境具有一定的特殊性,而中国与拉美地区的经贸合作也具有其阶段特性。本报告尝试从中拉经贸合作的阶段特性和中国企业的需求出发,构建中拉经贸合作指数,量化评估拉美地区的营商环境及中拉经贸合作进展情况。

一　中拉经贸合作的当前特征

进入21世纪以来,中拉关系以经贸合作先行,双边、多边和整体合作多层次并行发展,在合作的机制构建上逐步完善。双方合作合作呈现出明显的阶段性特征,由前期"自发"式合作日益转向"主动建构"式合作。

在合作内容上,经贸合作仍是中拉双方的首要关切。当前中国已成为拉美第一大贸易伙伴、第三大投资来源国,拉美成为21世纪以来中国商品和资本最大的海外增量市场。当前,中拉均面临经济减速的压力,进一步加强中拉经贸合作有助于中国实现优势产能的规模效应,化解经济结构失衡问题,也有益于拉美改善基础设施进而改变单一的经济结构,是实现中拉共赢的有效手段,也是中拉整体合作的基石所在。

在合作动力上,贸易、投资和金融合作三轮同步驱动。中拉经贸合作长期以贸易为主,2000—2012年之间,中拉贸易保持年均30%以上的增幅;2012年之后,双方贸易增长停滞甚至下滑,但2017年以来重拾高速增长,至2018年年底时为3074亿美元,在中国对外贸易中的占比为6.6%,超过了拉美在世界贸易中的平均比重。中国对拉美地区的投资始于20世纪80年代,伴随2003年以来中国企业"走出去"的整体提升,中国对拉投资存量出现了年均37.2%的快速增长。据商务部统计,截至2018年底,拉美是中国投资的第二大海外目的地,中国在拉美地区的投资存量为4068亿美元,占中国对外直接投资存量的20.5%。中资在拉美设立的境外企业已经超过2500家,占到了中国境外企业总量的6%,遍及英属维尔京群岛、开曼群岛、巴西、墨西哥、秘鲁、智利、厄瓜多尔、委内瑞拉、阿根廷等32个拉美地区经济体。与此同时,中国对拉美地区提供的贷款余额超过了世界银行、美洲开发银行和拉美开发银行等传统国际融资机构。可以看到,拉美地区对中国市场和资本已经形成了较高依赖,而中国企业在拉美市场的整体盈利情况乐观,中拉之间客观上形成了互利共赢的合作局面。

在合作动机上,市场和资源是主要动因。在贸易方面,中拉在当前产业与经济结构上大体形成了资源和市场互补。在投资方面,中国汽车、电子电器等消费类产品生产企业多选择巴西、阿根廷和墨西哥等规模市场,以市场为导向;而冶炼石化等资源型产品生产企业则会选择秘鲁、巴西、智利、委内瑞拉和玻利维亚等资源产地,以资源为导向。在金融合作方面,中国融资支持集中于基础设施开发和原材料开采,在拉美国家近期国际信贷评级普遍下降的背景下,中国是地区重要融资来源,对于委内瑞拉、玻利维亚、厄瓜多尔、巴西和阿根廷等国际融资困难的国家而言作用更为突出。

在合作定位上,拉美已经是中国共建"一带一路"的重要合作方。目前,拉美地区24个建交国中,已有19国同中国签署了共建"一带一路"合作备忘录,而未签署合作文件的阿根廷、巴西、巴哈马、哥伦比亚和墨西哥五国中,"一带一路"项目也有实质性推进,如巴西美丽山特高压输电项目、阿根廷孔拉水电站项目、巴哈马大型海岛度假村项目等。同时,中拉论坛第二届部长级会议通过了《"一带一路"特别声明》等重要成果文件,指明中拉优先合作领域包括对"一带一路"倡议的对接。这表明,中拉已逐渐形成共建"一带一路"的共识,拉美在"一带一路"中的地位日渐明晰,不仅是"21世纪海上丝绸之路的自然延伸"、不可或缺的重要参与方,更是当前的现实共建方。

在合作机制上,中拉之间形成了立体合作态势。在整体合作层面,中国—拉共体论坛已经成功举办两届部长级会议,并设有农业、科技创新、企业家、智库、青年政治家、基础设施、民间友好和政党等不同领域的专业分论坛。在多边层面,中国—葡语国家经贸合作论坛、中国—加勒比经贸合作论坛已经取得积极进展,中国-南方共同市场对话机制促进了双方了交流与沟通。在双边层面,中国与拉美多国设有高委会或混委会,确保了经常性的沟通。同时,中国与智利、秘鲁和哥斯达黎加签署了自贸协定,同拉美13国签有投资保护协定,与地区7国签有避免双重征税协定。

综上,拉美是当前中国资源、能源和中间产品的供应者、优势产品和产能接受者、创新型技术和标准的实施者,中国企业"走出去"的重要合作者。中拉合作有助于促进彼此的产业链衔接,形成新的价值链分工,促进贸易结构向多元化调整,并带动贸易、投资和金融合作三大引擎有效运行,推动双方关系全面提质升级。

二 出海拉美的中企范式

中国企业在对拉美地区开展经贸合作的历程中,适应当地市场环境需要,形成了较为明显的地区性特色。相对于美欧在地区的长期经营,中国进入拉美市场的时间较晚,市场优势主要集中于中国具有资本、技术、成本或标准等相对优势的领域,以六类产品和产能合作为重点。

第一类是农矿业等拉美优势产业的投入品,如农业所用的农药和农机设备以及石油设备等,拉美是中国相关产品出口和投资的重点地区,中化国际、中石油和中海油等企业在地区形成了规模投资。

第二类是矿业、港口等资本投入较大的部门,中国五矿、首钢、天齐锂业等企业集合资本与产能优势,形成地区投资。

第三类是中国优势制成品,如消费电子类产品和医用设备等,由于中拉收入水品相近,对产品的质量和价格需求相似,中国产品和技术在拉美占据了较大的市场份额,华为、格力、迈瑞等中国企业已成功进入拉美市场。

第四类是美欧标准未渗入的新兴行业,如特高压直流输送、新能源汽车、共享经济领域等,中国产品和产能在拉美具有一定的技术领先性,国电、比亚迪、金风、滴滴等企业成为行业标准和市场准入规则的推动者,拉美也因此成为重要的全球示范市场。

第五类是中国模式具有特殊适应性的市场,如基础设施项目和大型机电设备等,中国通过两优贷款或融资租赁等方式,为拉美买方提供融资支持或垫资建设,因而确保了市场占有率,形成了互利共赢的合作,徐工、三一重工等企业藉此进入拉美。

第六类是以"互联网+"为特点的业态,充分利用线上线下贸易、投资和物流相融合的优势,有效缩短了中拉之间物理距离,最大化农副产品的远距离出口收益,具有较强的拉美市场适应性,从而成为中国企业投资的新兴领域。

与此同时,不同地区、不同类型的中国企业在对拉合作中,形成了四类典型模式。一是以浙江小微企业为代表的"草根"模式,集中于商品批发和零售等产业,经历了"出口—建立拉美商贸零售与批发网店—拉美本地化生产"的发展历程。二是以广东规模以上企业为代表的模式,多为电子、电器类企业,具有一定的技术和产品优势,在对拉出口的过程中,为了满足巴西、阿根廷等市场特有的"当地成分"要求且充分利用当地自由贸易区网络,逐步开始投资设厂。三是上海大型企业为代表的模式,企业拥有资本和产能优势,对拉贸易、投资和金融合作同步展开。四是以福建企业为代表的模式,主要是电子配件生产商,追随下游行业领先者进入拉美市场。

可以看到,作为拉美市场"后来者",中国企业在对拉美的开拓与经营中,为了适应内部自有优势和外部市场环境,已经形成了特有本地化经营范式。这使其对于拉美市场的评估需要充分结合一般化的市场分析和中国企业的特有路径和企业文化。

三 拉美结构性调整

在中拉经贸合作不断深入的同时,拉美地区市场环境正在发生变化。在近期的全球性经济低迷中,拉美地区呈现出了"急降缓升"的增长轨迹,2013年以来一直是全球增速最缓慢的地区,阿根廷、巴西、委内瑞拉等国均出现了20世纪80年代债务危机以来最严重的经济衰退。与此同时,拉美政治生态发生变化,右翼执政党的影响力再度回升。在这一背景下,拉美重启结构性调整,地区各国呈现出了多重协调共性。

第一,私有化趋势上升。近四年来,拉美地区右翼政党执政国家数量明显增多,经济政策的"亲市场化"调整随之出现,地区多国加大私有化力度。以巴西为例,2016年以来,该国实施"投资伙伴计划(PPI)",通过协调和监督在基础设施、能源生产与分配、公共卫生等领域的特许经营和私有化,促进经济增长。2019

年8月,巴西总统博索纳罗在"官方日志"上公布了计划实施私有化的17个国有企业名单,包括巴西造币厂、巴西彩票公司、阿雷格里港城市轨道交通公司、国家电力公司、巴西邮政、巴西联邦数据处理服务局、巴西国家电信公司等。同期,经济部长还表示将启动巴西国家石油公司的私有化研究。

第二,开放举措加大。拉美各国都在努力提升本国对外资的吸引力,并为之实施多种开放措施:一是以立法形式保障外国投资者经营环境,如秘鲁设有《法律稳定协议》,为签署该项协议的企业提供10年或在特许权有效期内的保障,确保国家法律、所得税、劳工合同、促进出口、自由使用外币和自由汇出红利和股利等稳定制度。又如拉美多国加入《专利合作条约》,巴西、智利、哥伦比亚、哥斯达黎加、危地马拉、洪都拉斯、墨西哥、尼加拉瓜、巴拿马和秘鲁等国还据此制定国内立法,提高对知识产权的保护。二是设立经济特区,地区多国寻求以经济特区来降低外资准入门槛,阿根廷、巴西、厄瓜多尔、萨尔瓦多、危地马拉、墨西哥、巴拉圭、秘鲁和乌拉圭近期都修订了经济特区战略,在未来五年内或将建立或启用20—30个新的经济特区,为外资进入提供便利。三是出台投资激励措施,如拉美多国减免外企投资前的评估和设立费用,并加大技能培训投资,为外企提供人力保障。在上述政策的作用下,拉美外资壁垒显著下降,经济合作与发展组织(OECD)的FDI限制指数显示,阿根廷、智利、哥伦比亚和巴西等国已接近美国等发达国家水平。

第三,一体化进程调整。2018年以来,拉美地区一体化整体趋弱的同时,出现局部夯实趋势。南方共同市场近期同欧盟达成了签署自贸协议的共识,与韩国、加拿大和新加坡开展了有效的自贸协定磋商,并提出货币一体化期待。太平洋联盟取消了成员国之间92%的进口关税,建立一体化的股票市场,并在区域内启动了扩容程序,在区域外增大联系国范围。墨西哥已批准《美墨加贸易协定》,加大了与北美市场之间的产业整合。墨西哥、萨尔瓦多、危地马拉和洪都拉斯则启动了《中美洲全面经济发展计划》,以此确保跨国公司活动有助于该地区发展。

第四,提升基础设施建设。基础设施薄弱以及缺乏五年以上长期融资的基础设施是造成拉美生产率低下的重要原因。然而,地区各国政府多面临着财政限制,难以使用公共财政资源扩大投资规模。近年来,拉美地区在基础设施投资领域的投资缺口达到每年1500亿美元,均需依赖外部融资得以解决,包括中国交建、三峡集团等在内的全球基建类企业都已进入拉美市场,并参与当地建设。

上述调整提升了拉美地区对外资的吸引力。"全球影响力投资网络"数据显示,流向拉美的投资正迅速超过其他市场。据拉美经委会统计,在全球投资低迷的环境下,拉美投资回报率仍高达6%左右,2018年其引资量同比增长13.2%,出现逆势上扬。

四 中企新机遇与老挑战

拉美的经济结构转型以需求拉动为特征,新增需求集中于三大领域:一是能源、道路等"硬件"投资需求;二是通信、互联网等"软件"投资需求;三是工业经济升级需求。需求推动的市场扩大加之2013年以来经济下行引发的资产缩水,拉美主要国家的优质资产定价已经重归合理或较低水平,为境外资本进入提供了条件,有利于包括中国企业在内的跨国公司"进场"。具体而言,中国企业在拉美面临五大部类的新机遇。

一是能源、资源类产业。拉美此轮调整重拾自由化和私有化措施,石油和金属矿产等部门均有涉及,中国企业在此类重资产部门拥有相对资本和技术优势,有条件借机进入,确保自身在产业链上游的优势。以锂矿为例,阿根廷、智利和玻利维亚组成的"锂三角"拥有全球72%的储量,但产量仅占全球26.3%。天齐锂业等中国企业能够进一步加大对拉投资,以此确保中国锂产品可靠且多样化的供应,并在电动汽车和蓄能系统等领域占据上游主导。

二是农业。拉美拥有世界农业用地的16%,可再生水资源的35%,森林面积的23%和全球生物多样性的50%,在包括农业、林业和渔业活动以及粮食、饮料和烟草生产的全球农业链中占据重要地位。当前市场开放的调整为中国企业进入农业领域提供机会。中国企业有条件和动机在农作物生产、动物产品、海产品、谷物和油料种子等部门加大投入,为参与全球农业链及确保自身粮食安全提供保障。

三是基础设施建设相关产业。在此轮调整中,拉美重视基础设施,而中国企业在相关领域具有相对优势。通过对关键基础设施的投资,中国企业可以帮助拉美经济提高生产力和竞争力,还可借助经贸合作区、自由贸易区、出口加工区和工业园区等模式,进入拉美清洁能源、新型建材、钢铁、交通、港口物流等领域。

四是制造业。拉美在一体化方面的努力为区域内部深度整合创造了条件,也为地区加入欧洲、亚洲价值链提供了机会,有利于成员国之间在汽车等已有一定价值链合作的领域加深合作,并在制造业领域取得发展。这一调整下,汽车、电子、消费电气、纺织等中国具有相对优势的产业可以借助拉美一体化形成规模市场,深度融入地区和全球价值链。

五是新兴产业。拉美各国正在推动互联网基础设施的建设,在数字经济、共享经济等新兴领域,中国企业在全球处于相对领先地位,将在下一代拉美中产消费者连接到互联网方面发挥重要作用。同时,中国在移动支付方面的成功经验,能够为拉美提供解决金融可获性的新方案,可以在互联网金融等领域发挥更大作用。

然而,拉美地区的现有结构性调整并未消除经济社会发展的痼疾,而中国企业在开拓拉美市场中存在的既有困难也未能在当前调整中获得解决,这使中国企业还面临着多重挑战。

1. 宏观经济风险。中短期内,拉美地区发展存在三大困境:一是增长困境,地区增长内源性动力却始终缺乏,内部市场无法创造足够需求推动经济增长;二是区域经济一体化困境,南美与中美和墨西哥地区的主要宏观指标变化呈现"跷跷板"趋势,使得两大地区之间的分化加剧,加大了一体化的难度;三是经济政策困境,地区多数国家未能形成逆周期性政策能力。由此,拉美处于多重结构性困难之中,经济增长的脆弱性和波动性将延续,系统性风险仍在集聚。

2. 政治周期风险。2017—2019年是拉美大选的高峰期,地区多数国家进行政府换届。拉美政坛有"清算"前政府的传统,再加之大选后政党博弈和政局变化,可能增加经济和政策的不确定性。同时,21世纪以来民粹主义的回归,对政治制度发生作用,容易导致群体割裂和政府短视,对政策的可持续性和营商环境的稳定性存在潜在冲击。

3. 拉美法规体系产生潜在风险。拉美地区的整体法治状况在全球居中等水平，存在局部领域的超前"立法"。在环保方面，拉美立法严格，资源类投资面临项目审批周期长与变动大的风险。在劳动保护方面，拉美工会力量强大，普遍存在最低工资立法，社会保障水平较高，劳动力市场僵化且分化，企业用工风险和雇工难度较大。上述法规环境对企业的经营活动形成一定的隐性制约，增大了区内经营的潜在风险。

4. 拉美社会问题增加系统性风险。拉美是全球社会问题最突出的区域之一。首先，拉美贫富差距大，不同群体无法公平分享经济增长成果，导致储蓄率和消费均不足。其次，拉美治安较差，犯罪率高于世界平均水平，毒品相关犯罪高发。此外，拉美历来社会运动频发，厄瓜多尔、智利、玻利维亚、巴西、哥伦比亚、委内瑞拉、秘鲁和阿根廷等拉美国家近期出现了大规模社会运动，均对正常的生产经营活动形成了冲击。

五 本报告目标与结构

拉美当前的结构性调整为中国企业进入该市场提供了新机遇，但是市场风险和挑战并未消除，甚有扩大之势。在此背景下，中国企业对拉美市场的开拓应更具耐心，应以长期运营的冷静心态来应对拉美市场的短期波动，要注意对拉经营策略的适当调整，更要对拉美市场环境进行更加综合的评估分析。中国企业作为拉美市场的"后来者"，具有不同与美欧企业等长期经营者的特殊成长性需要与风险评估，这使得传统的拉美营商环境评估对其具有一定的"不适应性",而本报告的产生恰是基于对这种特性的考虑。

本报告从拉美营商环境和中拉合作进展两个维度综合考量中拉经贸合作进展。拉美营商环境不仅显示了该地区政治、经济和社会宏观运行情况,还从贸易环境、投融资条件、基础设施、创新能力和相对资源禀赋供给等方面度量地区的贸易与投资便利化情况。中拉合作进展则全面考察了中国与拉美地区的政治、贸易、金融、投资与人文合作现状。以上两大指标对中国企业面临的拉美环境进行了立体刻画,前一指标旨在量化评估拉美市场环境,后一指标则用于评价中拉经贸合作情况,二者对照则能显示中国在拉美各国遇到的营商环境国别及领域差异,还能为中国在拉美合作方面的改进方向提供线索。

基于上述指标设计初衷,本报告循序展开,主体部分涵盖六部分内容:一是介绍中拉经贸合作进展评价体系的构建与模块构成;二是提出估计指标体系的计量分析方法,并对两大指标进行估计与稳健性检验;三是对拉美营商环境及中拉合作进行多视角、多领域评估;四是对拉美33国进行国别特性的分领域比较;五是参照对比拉美各国的营商环境与中拉合作;六是基于两大指标的单独核算及参照结果,对中拉合作提出建议。通过以上双维度评价,本报告创新性地提出中拉经贸合作指数,以中国视角对拉美营商环境进行了测度,并对中拉合作的进展做出了量化评估。

一 中拉经贸合作进展评价体系构建

中拉经贸合作进展评价体系设立二维评价体系，从拉美地区的经营环境的实际情况和中拉合作进展两个维度对比分析中国与拉美地区合作发展的情况，进行国别评估，并试图寻求进一步推动中拉合作的路径。

中拉经贸合作进展评价体系包含两个指标体系，即拉美国家营商环境评价指数与中拉双边合作评价指数。

（一）拉美国家营商环境评价指数体系构建

本报告根据拉丁美洲国家营商环境特点将评价体系分为八个二级模块，分别是政治环境、宏观经济环境、社会环境、贸易环境、投融资环境、基础设施环境、创新环境、资源禀赋。

1. 政治环境

政治模块选取了全球治理指数（WGI）、本届政府剩余执政年限、国会和内阁中的政党数量，以及是否发生弹劾和提前大选四个指标进行分析，这些指标基本能够较为完整和客观地反映拉美各个国家政治环境的整体水平。

（1）全球治理指数：全球治理指数（WGI）是世界银行提供的一个综合指标，衡量腐败控制、政府有效性、政治稳定与无暴力程度、监管质量、法制建设和表达与问责等综合情况。评分越高，政治表现越好，相应的政治风险越低。数据来自世界银行 WGI 数据库，更新至 2016 年。

（2）本届政府剩余执政年限：即政府任期剩余时间。拉美国家执政周期基本固定，不过相对执政周期有所差异，本报告选取政府剩余执政年限这一指标，以更客观地反映观测年份的政治环境。剩余执政年份越长，政治环境越趋于稳定。数据由各国政府网站公开数据收集而得，更新至 2017 年。

（3）国会和内阁中的政党数量：拉美国家中多数实行多党制，而国会和内阁中的政党和政党数量变化也较为频繁，因此选取该指标来衡量拉美国家政治环境中的这一特征。数据由各国政府和议会网站公开信息收集而得，更新至 2017 年。

（4）是否发生弹劾和提前大选：这一指标可以一定程度反映一国政治环境的稳定性及政策法规的连续性。该指标使用哑变量，若在观测年份所在的执政周期内发生弹劾总统或提前大选，则取值为 0，否则为 1，数据由各国政府网站公开信息收集而得，更新至 2017 年。

2. 宏观经济环境

本部分使用官方储备资产、国内生产总值（GDP）、人均国内生产总值（人均 GDP）、国际收支、经济增长、通货膨胀率、官方汇率、实际利率、货币供应量、金融开放度、宏观杠杆率等指标来衡量一国的宏观经济环境。

(1) 官方储备资产：官方储备资产是一国为平衡国际收支、干预外汇市场而拥有的国外资产储备，反映一国抵抗风险的能力。数据以现价美元为单位计算，来源于世界银行数据库，由于古巴数据缺失，采用拉美地区平均值计算。由于巴哈马、巴巴多斯、海地、牙买加2017年数据缺失，使用2016年数据代替，其余国家数据均更新至2017年。

(2) 国内生产总值（GDP）：本报告使用GDP以衡量拉美各国的总体经济状况，以现价美元为单位，数据来源于拉美经济委员会数据库，由于委内瑞拉2014—2017年数据缺失，使用2013年数据替代2017年数据。古巴数据缺失，使用拉美地区平均值代替，其余国家数据更新至2017年。

(3) 人均国内生产总值（人均GDP）：由于拉丁美洲各国相差悬殊，GDP不能全面反映各国的差异，作为补充，本报告使用人均GDP衡量拉美各国居民生活水平，以现价美元为单位，数据来源于拉美经济委员会数据库，同样，委内瑞拉2017年数据使用2013年替代。古巴使用拉美地区平均值计算，其余国家数据更新至2017年。

(4) 国际收支：国际收支反映一国在一定时期内对外交易往来，通常用国际收支平衡表来表示。本报告采用经常账户余额来衡量一国国际收支水平，若一国经常账户余额大于0，表示该国国际收支顺差，若小于0，则表示该国国际收支逆差。世界银行经常账户余额数据更新至2017年，但安提瓜和巴布达、巴哈马、巴巴多斯、多米尼克、格林纳达、圭亚那、海地、牙买加等国2017年数据缺失，使用2016年数据代替，古巴数据来源于 CEIC 数据库。

（5）经济增长：通过年度 GDP 增长率来衡量各国经济增长速度，同时体现拉美国家经济增长潜力水平，使用各国年度同比增长率衡量，数据来源于联合国拉丁美洲和加勒比经济委员会（ECLAC，以下简称"拉美经委会"）委内瑞拉 2017 年数据缺失，使用 2014 年数据代替。数据更新至 2017 年。

（6）通货膨胀率：通货膨胀率考察一国价格水平的稳定程度，使用年度 CPI 增速来体现，反映拉美国家价格水平的平均变化程度，多米尼克数据来源于世界银行，其余数据来源于联合国拉美经委会，更新至 2017 年。

（7）官方汇率：官方汇率衡量拉美各国汇率波动程度，其单位为拉丁美洲各国货币兑换 1 美元的数量，使用年度平均值计算，古巴、海地、墨西哥数据来源于 CEIC 数据库，其余数据来源于世界银行，更新至 2017 年。

（8）实际利率：实际利率可以反映一国金融市场热钱的流动程度，一国实际利率越高，热钱流入的机会越大，巴哈马由于数据缺失较为严重，使用 2010 年和 2011 年数据代替，来源于 CEIC 数据库，萨尔瓦多、委内瑞拉数据来源于拉美经委会数据库，其余数据来源于世界银行数据库，数据更新至 2017 年。

（9）货币供应量（M2）：货币供应量衡量拉美国家货币供应水平，反映金融市场流动性程度，数据来源于世界银行和拉美经委会数据库，以本国货币计算，单位为百万本国货币，数据更新至 2017 年。

（10）宏观杠杆率：本部分使用拉美各国外债与 GDP 比值

衡量各国杠杆率水平，反映债务偿还能力，在一定程度上反映该国宏观经济状况，为了避免由于数据来源不同造成的统计误差，本部分外债比例和GDP数据均来自拉美经委员会数据库，数据更新至2017年，由于古巴数据缺失较为严重，使用2008年和2009年数据来代替2012年和2017年的发展水平。

3. 社会环境

本部分使用人口规模、公共医疗卫生支出、劳动人口比重、人口密度、非自然死亡率、失业率、基尼系数、城市化率、抚养比九个指标衡量拉美各国社会环境。

（1）人口规模：一国人口总量可以反映该国劳动力及经济增长潜力，是反映拉美各国社会环境状况的重要指标，数据来源于世界银行数据库，更新至2017年。

（2）公共医疗卫生支出：使用一国医疗总支出与国内生产总值GDP比重，衡量一国医疗卫生先进程度，数据来源于拉美经委会，由于2017年数据缺失，使用2015年数据替代。

（3）劳动人口比重：使用一国15—64岁人口数量占总人口比重，衡量拉美各国劳动人口比重，从而反映拉美各国劳动力市场及经济增长潜力，数据更新至2017年。

（4）人口密度：该指标可以反映一国人口分布基本情况以及市场活跃程度，采用每平方公里土地的人口数量来进行统计，该数据来自世界银行，更新至2017年。

（5）非自然死亡率：使用世界银行数据库中由伤害引起的死亡人数占总人数比重衡量非自然死亡率，来反映拉美各国社会环境，数据更新至2016年。

（6）失业率：失业率反映一国社会就业情况，该数据主要来自世界银行数据，更新至 2017 年。个别国家数据来源和使用年份需特别说明：格林纳达的数据来自政府公开数据；安提瓜和巴布达的数据来源为该国的劳动力调查数据，受数据更新时效影响，2017 年采用的是 2015 年数据；多米尼克的数据是从政府公开信息中获得，2017 年采用的是 2016 年更新的数据结果；圣基茨和尼维斯的数据缺失较为严重，其中 2012 年的数据是从世界卫生组织获取的 2007 年的失业率数，而 2017 年则使用该国统计局公布的 2016 年的数据。

（7）基尼系数：使用基尼系数反映拉美国家内部收入分配公平程度，该值在 0—100，越接近 0，说明收入分配越平均，越接近 100，说明收入分配差异越大。该指标数据来自世界银行，数据更新至 2016 年。

（8）城市化率：城市化率是指一国城镇人口占总人口的比重，城市化是推动一国经济发展的重要因素，该指标数据来源世界银行 WDI 数据库，更新至 2017 年。

（9）抚养比：通常用非劳动年龄人口与劳动年龄人口数相比作为抚养比的衡量指标，一般来说，抚养比越高，说明单位劳动力承担的抚养人数越高，表明经济负担相对较重。该指标来源于世界银行 WDI 数据库，更新至 2017 年。

4. 贸易环境

拉美国家营商环境评价指数体系的贸易环境模块指标包括：出口总值、进口总值、贸易竞争优势指数、贸易世界占有率、海关关税税率、非关税壁垒、服务贸易开放度、对外签署区域贸易协定（RTAs）总数、出口产品集中度和进口产品集中度。这些指标囊括贸易的各个领域，基本完整地反映了拉美国家贸易环境状况。

（1）出口总值：出口总值衡量一国出口整体水平，该指标使用现价美元进行统计，数据来自联合国贸易和发展会议（UNCTAD）数据库中2017年更新的贸易数据。

（2）进口总值：进口总值衡量一国进口整体水平，该指标使用现价美元进行统计，数据来自UNCTAD数据库中2017年更新的贸易数据。

（3）贸易竞争优势指数：贸易竞争优势指数反映一国出口商品的竞争力水平，该指标使用2017年更新的UNCTAD贸易数据计算而得，计算方式是一国贸易顺差占贸易总值的比例。

（4）贸易世界占有率：贸易世界占有率反映一国在国际贸易中的地位，占有比例越高则一国在国际贸易中的地位越重要。该指标使用2017年更新的UNCTAD贸易数据计算而得，计算方式是一国贸易总值占世界贸易总值的比例。

（5）海关关税税率：海关关税税率用来衡量一国国际贸易税率水平，关税税率越高，表明贸易壁垒越高，数据来源于世界银行数据库，更新至2016年，但对于被考察年度数据缺失的国家，使用相近年份数据替代，如使用巴巴多斯2013年数据代替2016年数据，巴哈马、秘鲁2011年数据代替2012年数据，萨尔瓦多、格林纳达、巴拿马2015年数据代替2016年数据。

（6）非关税壁垒：非关税壁垒监测一国对关税以外的贸易壁垒措施的使用情况，以观测年份年底前生效的措施数量进行统计，数据来自世界贸易组织，该统计数据中未包含技术性贸易壁垒（TBT）的数量。该数据更新至2017年。

（7）服务贸易开放度：服务贸易开放度衡量的是一国服务贸易发展水平和服务市场对外开放的程度，由一国服务贸易进出口总额与GDP的比值衡量，数据来自UNCTAD数据，更新至2017年，其中安提瓜和巴布达、多米尼克、格林纳达、圣基茨和尼维斯、圣卢西亚、圣文森特和格林纳丁斯以及委内瑞拉的数据更新至2016年。

（8）对外签署区域贸易协定（RTAs）总数：对外签署的RTAs总数一定程度上反映一国贸易自由化水平和倾向，采用观测年份年底前生效的RTAs数量进行统计，数据来自世界贸易组织，更新至2017年。

（9）出口产品集中度：出口产品集中度衡量一国出口产品的集中程度，反映一国出口产品结构，这是一个取值0—1的指数，越接近于1则说明一国的出口集中在少数几种产品上的程度越高，该数据来自UNCTAD，更新至2016年。

（10）进口产品集中度：进口产品集中度衡量一国进口产品的集中程度，反映一国进口产品结构，这是一个取值0—1的指数，越接近于1则说明一国的进口集中在少数几种产品上的程度越高，该数据来自UNCTAD，更新至2016年。

5. 投融资环境

投融资模块选取了主权债务信用评级、银行部门提供的国内信贷、利用外资存量、对外直接投资存量和营商环境五个指标来进行分析，这几个指标较为客观地衡量了拉美国家的投融资环境。

（1）主权债务信用评级：本报告使用标准普尔评级，通过对评级标准赋值来区分各国风险水平，对于评级为 BBB 以下的国家债务信用赋值为 0，在 BBB 以上每增加一个等级，国家信用值加 10。原始评级信息来源于标准普尔官方网站，国家信用值由笔者计算得到，更新至 2017 年。

（2）银行部门提供的国内信贷：银行部门提供的国内信贷反映一国银行部门的融资能力，用一国银行部门提供的国内信贷占 GDP 的比重衡量，数据来源是世界银行，更新至 2017 年。

（3）利用外资存量：利用外资存量反映的是一国吸收外国资金并用于本国投资活动的累积规模，数据来自 UNCTAD 数据库，更新至 2017 年。

（4）对外直接投资存量：对外直接投资存量反映的是一国资本对国外进行直接投资的累积规模，数据来自 UNCTAD 数据库，更新至 2017 年。

（5）营商环境：该指标综合地反映了一国的营商环境，数据来源是世界银行。本报告将原始的排名数据进行标准化处理，按照"0＝最差，100＝最好"的标准进行统计，数据更新至 2017 年。其中因为古巴原始数据缺失，本报告取其他 32 个拉美国家营商环境的均值对古巴进行赋值。

6. 基础设施环境

本部分从互联网普及率、航空货运量、人均耗电量、货柜码头吞吐量、固定电话普及率五个方面评价拉美各国基础设施环境。

（1）互联网普及率：互联网普及率可以反映一国基础设施

发展水平，互联网普及率越高，说明一国的基础设施越完善。数据来源于世界银行数据库，更新至2016年。

（2）航空货运量：航空货运量反映一国航空运载水平，单位是百万吨/千米，该值越高，反映该国航空运载能力越高。数据来源于世界银行，更新至2017年。

（3）人均耗电量：人均耗电量能够反映一国基础设施水平，人均耗电量越高，表明基础设施水平越高，数据来源于世界银行数据库。受数据时效限制，且考虑到一国基础设施环境在短期内相对改变不大，本报告使用2010年数据代替2012年数据，2014年数据代替2017年数据。

（4）货柜码头吞吐量：货柜码头吞吐量反映一国港口货物数量及规模，该值越高，表明港口运载能力越强，数据来源于世界银行数据库，更新至2016年。

（5）固定电话普及率：固定电话普及率越高，反映一国基础设施水平越高，数据来源于拉美经委员会数据库，更新至2016年。

7. 创新环境

拉美国家营商环境评价指数体系的创新环境模块主要包括专利申请数量、研发支出以及教育和培训水平这三个指标。

（1）专利申请数量：专利申请数量是一国创新能力和研发成果的集中体现，本报告采用世界知识产权组织数据，更新至2016年。由于原始数据存在一定缺失，若观测年份无数据，本报告使用就近年份数据进行替代，其中，玻利维亚2012年数据缺失，用2014年数据替代；圣文森特和格林纳丁斯2017年的数据缺失，用2015年的数据替代等。

（2）研发支出：研发支出反映一国对创新活动的重视程度和一国的创新潜力，使用研发支出占GDP的比重进行统计，数据来源是世界银行，数据更新至2015年。而阿根廷、巴西、哥斯达黎加、厄瓜多尔、巴拿马、特立尼达和多巴哥以及乌拉圭由于2015年数据缺失，用2014年数据进行替代。

（3）教育和培训水平：教育和培训水平能够一定程度上反映一国的创新能力，使用教育支出占国民总收入的比重来表示，数据来源是世界银行，更新至2016年。

8. 资源禀赋

拉美国家中多数资源丰富，因此在拉美国家营商环境评价指数体系中加入资源禀赋模块，并使用国土面积和大宗商品出口比重两个指标来进行分析。

（1）国土面积：国土面积反映了一国资源禀赋程度，国土面积越大，表明一国资源禀赋越高，反之，则表明资源禀赋越低。指标来源于世界银行数据库，更新至2017年。

（2）大宗商品出口比重：大宗商品出口比重能较为直观地反映出一国资源禀赋情况，该指标由2017年更新的UNCTAD数据计算而得，计算方式是一国大宗商品出口总额占出口总额的比重。

（二）中拉双边合作评价指数体系构建

本报告根据中拉双边合作的特点，将评价体系分为六个二级模块,分别是政治合作模块、"一带一路"与双边经济合作模块、贸易合作模块、金融合作模块、投资合作模块、人文交流模块。

1. 政治合作模块

本部分选择双边关系层级、高层互访次数、联合声明个数及双边磋商机制几个方面来考察中国与拉美国家双边政治合作的整体水平。

(1) 双边关系层级:双边关系层级指的是中国与拉美国家政府之间签署的联合声明中所提出的伙伴关系级别,由于外交关系中伙伴关系名称众多,为了更好地区分,本部分对各层伙伴关系赋值,赋值标准根据外交术语整理得到,赋值越高,表明中国与该国双边关系层级越高。双边关系层级信息来源于外交部网站[①],本报告统计至 2018 年:

具体赋值方法如下:

6 传统友好合作关系

5 全面战略伙伴关系

4 战略合作伙伴关系

3 战略伙伴关系

2 友好伙伴关系

1 单纯建交

0 未建交

(2) 高层互访次数:高层关系衡量中国与拉美国家高层之

---

① 中华人民共和国外交部, http://www.fmprc.gov.cn/web/gjhdq_676201/gj_676203/bmz_679954/。

间交往程度，本部分以副国级及以上级别领导人访问次数作为统计依据，互访次数越高，说明高层交往越频繁，信息来源于外交部网站，数据统计至 2018 年。①

（3）联合声明个数：联合声明统计中国与拉美各国双边签署的联合声明数量，其中包括联合声明、联合公报和联合新闻公报，信息来源于外交部网站，统计至 2018 年。②

（4）双边磋商机制：本部分主要统计的是中国与拉美各国之间是否存在经贸合作委员会（混委会）、高层协调与合作委员会（高委会），使用虚拟变量的方法，只要存在高委会或混委会，则记为 1；若两者都不存在，则记为 0。数据来源于中华人民共和国驻拉美各国大使馆经济商务参赞处网站，信息统计至 2018 年。③

2. "一带一路"与双边经济合作模块

本部分选择四个三级指标，分别是中国与拉美国家是否签订"一带一路"共建合作文件、是否是亚投行成员国、是否签订产能合作协议及中国对拉美各国工程承包合同完成额。

（1）"一带一路"共建合作文件签署：拉美国家是中国 21 世纪海上丝绸之路的自然延伸，"一带一路"倡议的实施将为拉美地区提供更多的机遇，因此，中国与拉美各国是否签订"一带一路"

---

① 本部分根据外交部、各国网站上双边政治关系中数据统计，由于国家众多，本部分仅列出安提瓜和巴布达查询网址，其他查询方法相同，以下涉及众多国家网址时，也仅以安提瓜和巴布达为例。具体参见 http：//www. fmprc. gov. cn/web/gjhdq_ 676201/gj_ 67620 3/bmz_ 679954/1206_ 680008/sbgx_ 680012/。

② 中华人民共和国外交部，http：//www. fmprc. gov. cn/web/gjhdq_ 676201/gj_ 6762 03/bmz_ 679954/1206_ 680008/sbgx_ 680012/。

③ 中华人民共和国商务部，http：//ag. mofcom. gov. cn/。

共建合作文件是衡量中拉"一带一路"与双边经济合作的重要指标。本部分采用哑变量的形式，存在"一带一路"双边共建合作为1，否则为0。数据来源于中国一带一路网，时间截至2018年底。

（2）是否是亚投行成员国：亚洲基础设施投资银行是首个由中国倡议设立的多边金融机构，其宗旨为促进各国基础设施建设，加强中国与其他国家和地区的合作。本部分使用哑变量的形式，对于是亚投行成员国的国家记为1，没有加入亚投行的国家记为0，数据来源于亚投行官网，时间截至2018年。

（3）是否签订产能合作协议：在"一带一路"倡议引导下的国际产能与投资合作目前已经得到了越来越多国家的响应，2015年，李克强总理出访智利、秘鲁、巴西、哥伦比亚并签订了产能合作协议。本部分采用哑变量的方式，将与中国签订产能合作协议的国家记为1，不存在产能合作协议的国家记为0。数据根据中国一带一路网信息收集得到，截至2018年。

（4）工程承包合同完成额：选取中国对拉美承包工程业务完成营业额来衡量中国与拉美国家双边经济合作的程度，本指标使用绝对值，单位是百万美元，数据来源于CEIC数据库，更新至2017年。

3. 贸易合作模块

在中拉双边合作评价指数体系的贸易合作模块中包括以下指标：中国出口、中国进口、中国占拉美对象国进口产品市场份额、拉美来源国占中国进口产品市场份额、自贸协定、损害性贸易措施数量、双边贸易竞争优势、中国进口中的制成品比重、中国出口中的制成品比重、出口产品种类、进口产品种类、贸易平衡和贸易统计差异，这些指标基本能客观完整地反映中拉双边贸易合作的整体水平。

（1）中国出口：中国出口即中国对拉美对象国的出口总值，反映该拉美国家对中国产品的市场需求，该数据来自UNCTAD，中国作为报告方，数据更新至2017年。

（2）中国进口：中国进口即中国从拉美对象国的进口总值，反映中国对该拉美国家产品的市场需求，该数据来自UNCTAD，中国作为报告方，数据更新至2017年。

（3）中国占拉美对象国进口产品市场份额：即拉美对象国进口产品中中国出口产品所占的份额，该数据来自UNCTAD，拉美国家作为报告方，数据更新至2017年。

（4）拉美来源国占中国进口产品市场份额：即中国进口产品中拉美来源国出口产品所占的份额，该数据来自UNCTAD，中国作为报告方，数据更新至2017年。

（5）自贸协定：即中国与拉美对象国是否签订自由贸易协定，衡量中国与拉美国家之家贸易自由化的程度。该指标为哑变量，截至观测年份年底前，若中国与拉美对象国签有自贸协定且已生效，则该指标取值为1，否则为0，数据由中国商务部网站信息收集而得，数据更新至2018年。

（6）损害性贸易措施数量：即由拉美对象国发起的对中国有影响的歧视性贸易措施的数量，数据收集自全球贸易预警网（Global Trade Alert），更新至2018年。其中个别国家数据库中显示无记录，本文将其看作0以补其数据，包括巴哈马、巴巴多斯、古巴、多米尼克、格林纳达、海地、圣基茨和尼维斯、圣卢西亚以及圣文森特和格林纳丁斯。

（7）双边贸易竞争优势：双边贸易竞争优势衡量中国贸易相对于拉美对象国贸易的竞争力水平，由 UNCTAD 的数据计算而得，计算方式是中国对拉美对象国出口总额与中国从该国进口总额的差值比中国与该国贸易总额，中国作为数据报告方，数据更新至 2017 年。

（8）中国进口中的制成品比重：即中国进口的制成品中从拉美来源国进口的比重，由 UNCTAD 数据计算而得，计算方式是中国从拉美国家的制成品进口总额比中国从该国的进口总额，中国作为数据报告方，数据更新至 2017 年。

（9）中国出口中的制成品比重：即中国向拉美对象国的出口中制成品所占的比重，由 UNCTAD 数据计算而得，计算方式是中国向拉美国家的制成品出口总额比中国向该国的出口总额，中国作为数据报告方，数据更新至 2017 年。

（10）出口产品种类：即中国向拉美对象国家出口产品的种类总数，产品种类以 HS6 位码统计，数据来自世界银行 WITS 数据库，中国作为数据报告方，数据更新至 2017 年。

（11）进口产品种类：即中国从拉美国家进口产品的种类总数，产品种类以 HS6 位码统计，数据来自世界银行 WITS 数据库，中国作为数据报告方，数据更新至 2017 年。

（12）贸易平衡：贸易平衡反映中国与拉美对象国的贸易存在顺差或逆差的情况，该指标为哑变量，由 UNCTAD 数据计算整理而得，若中国对拉美对象国的出口总额与中国从该国进口总额的差值大于 0，则该指标取值为 1，否则为 0，中国作为数据报告方，数据更新至 2017 年。

（13）贸易统计差异：由于统计差异，中国作为报告方与拉美国家作为报告方的贸易数据存在一定差距，该指标就用于反映这一差异的程度。由 UNCTAD 数据计算而得，计算方式是拉美国家作为报告方的贸易总额与中国作为报告方的贸易总额的差值，数据更新至 2017 年。

4. 金融合作模块

本报告共使用五个三级指标衡量中拉金融合作进展程度，分别是：是否存在货币与债券合作、中国在该国成立银行分行的数量、是否存在人民币离岸市场、是否存在国别基金、该国接受中国贷款数额。

（1）货币与债券合作：将中国与拉美国家是否存在货币与债券合作作为衡量双边金融合作进展的指标之一，主要包括中国与拉美国家是否签订双边货币互换协议、是否获准进入中国国债市场及是否签署以人民币计价发行国家债券的协议，单位为哑变量，存在则为 1，不存在则为 0。数据根据外交部、中国人民银行网站搜集得到，统计截至 2018 年。①

（2）开设银行分行数量：用中国是否在拉美开设银行分支机构反映中拉双边金融合作的程度，使用中国在拉美各国分支银行的数量作为衡量指标，数据来源于中国国有银行网站，并将各国存在的中国国有银行分行数量加总，数据更新至 2018 年。

（3）人民币离岸市场建设：人民币离岸市场业务主要指的是在境外经营人民币的存放款业务，对推动人民币国际化具有重要

---

① 中华人民共和国外交部，http://www.fmprc.gov.cn/web/gjhd q_ 676201/g j_ 676203/bmz_ 679954/1206_ 680008/sbgx_ 680012/。

意义。人民币离岸清算中心是人民币离岸市场建设的重要形式，本文通过哑变量的方式，存在人民币离岸市场的国家记为1，不存在的则记为0，来反映中拉双边金融合作进展。信息来源于中国人民银行网站、国有商业银行网站、网络新闻等，统计至2018年。

（4）是否存在国别基金：本部分使用哑变量反映中国与拉美各国是否存在国别基金，若存在，该值为1，若不存在，该值则为0。数据统计至2018年。

（5）接受中国贷款数额：自2005年开始，中国进出口银行向拉美国家提供贷款，用于支持能源、基础设施等方面的建设。该数据来源于波士顿大学中拉金融合作数据库，单位为百万美元，数据更新至2018年。①

5. 投资合作模块

在中拉双边合作评价指数体系的投资合作模块中，选取中国对外直接投资流量、中国利用外资流量、投资协定和避免双重征税协定四个指标来进行分析。

（1）中国对外直接投资流量：即中国对拉美对象国家直接投资的流量，反映在观测年份当年中国对拉美国家直接投资的规模，该数据来自商务部对外直接投资统计数据，数据更新至2017年。

（2）中国利用外资流量：即中国引入拉美国家对外直接投资的流量，反映在观测年份当年拉美国家对中国对外直接投资的规模，该数据来自中国统计年鉴，数据更新至2017年。鉴于中国统计年鉴的利用外资国别数据每年统计显示的国别有所差异，未明确列出的国家的外资均被纳入其他拉美国家项内，因

---

① 中拉金融合作数据库，https://www.thedialogue.org/map_list/。

此本报告用其他拉美国家投资总额与观测年份当年列入其他拉美国家的数量的比值，为这些列入其他项的国家分别赋值。

（3）投资协定：即中国与拉美对象国家之家是否签有双边投资协定，该指标为哑变量，截至观测年份年底前，若中国与拉美对象国家签有双边投资协定且已生效，则该指标取值为1，否则为0。数据由中国商务部网站信息收集而得，更新至2018年。

（4）避免双重征税协定：即中国与拉美对象国家之间是否签有避免双重征税协定，该指标为哑变量，截至观测年份年底前，若中国与拉美对象国家签有避免双重征税协定且已执行，则该指标取值为1，否则为0，数据由中国商务部网站信息收集而得，更新至2018年。

6. 人文交流模块

使用四个三级指标来衡量中国—拉美人文交流的程度，具体为，文化中心、孔子学院数量、航班直航、友好城市。

（1）文化中心：开设文化中心能够展现一国文化风采，本指标定性表示为哑变量，未开设文化中心为0，开设文化中心为1。统计信息来源于中国驻各国大使馆官网。2013年9月，中国在墨西哥建立中国文化中心，这也是目前中国在拉美建成的唯一一个文化中心。

（2）孔子学院数量：通过统计中国在拉美国家开设的孔子学院数量，作为衡量中拉人文交流程度的指标之一，统计信息来源于孔子学院（汉办）官网，数据更新至2018年。①

---

① 孔子学院（汉办）官网，http://www.hanban.org/confuciousinstitutes/node_ 10961.htm。

(3) 航班直航：通过中国与拉美各国是否存在航班直航指标来反映中拉之间人文交流的便捷程度，这里使用虚拟变量来衡量，存在航班直航为1，否则为0。数据来源于各航空公司官网，数据更新至2018年。

(4) 友好城市：友好城市是指中国的城市与拉美某国的城市双方以维护世界和平、增进友谊、促进共同发展为目的，在签订正式友城协定书后，双方积极开展在政治、经济、科技、文化等方面的长期交流合作。使用中国与拉美各国友好城市的个数作为衡量指标，数据来源于中国国际友好城市联合会网站，数据更新至2018年。①

由于经济环境对双边合作水平影响存在一定的滞后性，即期经济环境对于双边经济合作的影响可能在未来才能够显现。为了保证评价体系的科学性，报告中所使用的经济环境数据和双边经济合作数据分别为滞后一期和即期数据。即：报告年份经济环境数据和双边经济合作数据分别为2017年和2018年数据，对比年份数据分别为2012年和2013年数据。对于个别年份缺失的，使用距离最近年份数据替代。

（三）中拉经贸合作进展评价指数体系

根据上文，本报告建立起了中拉经贸合作进展评价指数体系，包括拉美国家营商环境评价指数体系与中拉双边合作评价指数体系，具体内容可参见表1-1与表1-2。

---

① 中国国际友好城市联合会，http：//www.cifca.org.cn/Web/SearchByZhou.aspx？zhouID=4&zhouName=%c3%c0%d6%de。

表1-1　拉美国家营商环境评价指数体系

二级指标	三级指标	单位	数据来源	代码	年份
政治环境 X1	全球治理指数（WGI）	指数	世界银行	X101	2017
	本届政府剩余执政年限	年	各国政府网站	X102	2017
	国会和内阁中的政党数量	个	各国政府和议会网站	X103	2017
	是否发生弹劾和提前大选	哑变量	各国政府网站	X104	2017
宏观经济环境 X2	官方储备资产	现价美元、百万美元	世界银行	X201	2017
	GDP	现价美元、百万美元	拉美经委会	X202	2017
	人均GDP	现价美元	拉美经委会	X203	2017
	国际收支	现价美元	世界银行	X204	2017
	经济增长	%	拉经委会	X205	2017
	通胀率	%	世界银行、拉美经委会	X206	2017
	官方汇率	本币单位	CEIC、世界银行	X207	2017
	实际利率	%	世界银行、拉美经委会、CEIC	X208	2017
	货币供应量	百万本国货币	世界银行、拉美经委会	X209	2017
	宏观杠杆率	%	拉美经委会	X210	2017
社会环境 X3	人口规模	千人	世界银行	X301	2017
	公共医疗卫生支出	%，与政府支出比值	拉美经委会	X302	2015
	劳动人口比重	%，占总人口百分比	世界银行	X303	2017
	人口密度	每平方公里土地面积人数	世界银行	X304	2017
	非自然死亡率	%	世界银行	X305	2016
	失业率	%	世界银行、各国政府网站、世界卫生组织	X306	2017
	基尼系数	0—100指数	世界银行	X307	2016
	城市化率	%	世界银行	X308	2017
	抚养比	%	世界银行	X309	2017

续表

二级指标	三级指标	单位	数据来源	代码	年份
贸易环境 X4	出口总值	现价美元	UNCTAD	X401	2017
	进口总值	现价美元	UNCTAD	X402	2017
	贸易竞争优势指数	指数	由UNCTAD数据计算	X403	2017
	贸易世界占有率	%	由UNCTAD数据计算	X404	2017
	海关关税税率	%	世界银行	X405	2016
	非关税壁垒	项	世界贸易组织	X406	2017
	服务贸易开放度	指数	UNCTAD	X407	2017
	对外签署RTAs总数	项	世界贸易组织	X408	2017
	出口产品集中度	0—1指数	UNCTAD	X409	2016
	进口产品集中度	0—1指数	UNCTAD	X410	2016
投融资环境 X5	主权债务信用评级	指数	标准普尔官方网站	X501	2017
	银行部门提供的国内信贷	%，与GDP比值	世界银行	X502	2017
	利用外资存量	现价美元、百万美元	UNCTAD	X503	2017
	对外直接投资存量	现价美元、百万美元	UNCTAD	X504	2017
	营商环境	指数	世界银行营商环境数据库	X505	2017
基础设施环境 X6	互联网普及率	%，每百人中互联网用户人数	世界银行	X601	2016
	航空货运量	百万吨/千米	世界银行	X602	2017
	人均耗电量	人均千瓦时	世界银行	X603	2014
	货柜码头吞吐量	TEU，20英尺当量单位	世界银行	X604	2016
	固定电话普及率	%，家庭中接入固定电话的比例	拉美经委会	X605	2016
创新环境 X7	专利申请数量	个	世界知识产权组织	X701	2016
	研发支出	%，占GDP比重	世界银行	X702	2015
	教育和培训水平	%，占GNI比重	世界银行	X703	2016
资源禀赋 X8	国土面积	平方公里	世界银行	X801	2017
	大宗商品出口比重	%，大宗商品出口占出口总额比重	由UNCTAD数据计算	X802	2017

资料来源：笔者自制。

表1-2　　　　　　　　中拉双边合作评价指数体系

二级指标	三级指标	单位	数据来源	代码	年份
政治合作 Y1	双边关系层级	层级赋值	外交部网站，并对合作层级赋值得到	Y101	2018
	高层互访次数	次	外交部网站	Y102	2018
	联合声明个数	个	外交部网站	Y103	2018
	双边磋商机制	哑变量	商务部经参处网站	Y104	2018
"一带一路"与双边经济合作 Y2	"一带一路"谅解备忘录签署	哑变量	一带一路网	Y201	2018
	是否是亚投行成员国	哑变量	亚投行网站	Y202	2018
	是否签订产能合作协议	哑变量	一带一路网	Y203	2018
	工程承包合同完成额	百万美元	CEIC数据库	Y204	2017
贸易合作 Y3	中国出口	现价美元、千美元	UNCTAD，中国作为报告方	Y301	2017
	中国进口	现价美元、千美元	UNCTAD，中国作为报告方	Y302	2017
	中国占拉美对象国进口产品市场份额	%	由UNCTAD数据计算，拉美国家为报告方	Y303	2017
	拉美来源国占中国进口产品市场份额	%	由UNCTAD数据计算，中国作为报告方	Y304	2017
	自贸协定	哑变量	商务部网站	Y305	2018
	损害性贸易措施数量	项	Global Trade Alert网站	Y306	2018
	双边贸易竞争优势	指数	由UNCTAD数据计算	Y307	2017
	中国进口中的制成品比重	%	由UNCTAD数据计算	Y308	2017
	中国出口中的制成品比重	%	由UNCTAD数据计算	Y309	2017
	出口产品种类	个	世界银行WITS	Y310	2017
	进口产品种类	个	世界银行WITS	Y311	2017
	贸易平衡	哑变量	由UNCTAD数据计算	Y312	2017
	贸易统计差异	现价美元、千美元	由UNCTAD数据计算	Y313	2017

续表

二级指标	三级指标	单位	数据来源	代码	年份
金融合作 Y4	货币与债券合作	哑变量	外交部、中国人民银行网站	Y401	2018
	开设银行分行数量	个	国有银行官方网站	Y402	2018
	人民币离岸市场建设	哑变量	中国人民银行网站、国有商业银行网站、网络新闻	Y403	2018
	国别基金	哑变量	网络新闻	Y404	2018
	该国接受中国贷款数额	百万美元	波士顿大学中拉金融合作数据库	Y405	2018
投资合作 Y5	中国对外直接投资流量	现价美元、万美元	商务部统计公报	Y501	2017
	中国利用外资流量	现价美元、万美元	中国统计年鉴	Y502	2017
	投资协定	哑变量	商务部	Y503	2018
	避免双重征税协定	哑变量	商务部	Y504	2018
人文交流 Y6	文化中心	指数	大使馆官网	Y601	2018
	孔子学院数量	个	孔子学院（汉办）官网	Y602	2018
	航班直航	哑变量	各航空公司官网	Y603	2018
	友好城市	个	中国国际友好城市联合会官网	Y604	2018

资料来源：笔者自制。

二 拉美国家营商环境评价指数与中拉双边合作评价指数

(一) 计量模型

1. 计量模型的选择

本文使用因子分析和均值分析两种方法构建指数。在拉美国家营商环境评价指数的实证研究部分,本报告使用因子分析。在评价体系中,每个指标包含的信息量不同,这些指标包含的信息存在相互独立的内容,但也无法避免一定信息的重复,为此应依据指标信息的内容判断其对评价体系的贡献程度,赋予相应的权重再予以计算。对于信息独立性较强的指标给予较大权重,而对于信息重复性较高的指标则赋予较小的权重,以此提高评价体系的科学性和准确性。拉美国家营商环境评价指数体系包含的指标数量较多,指标间信息相关性较强,因此选择因子分析法分析评价拉美国家营商环境水平。

在中拉双边合作评价指数实证研究部分,本报告选择使用均值分析。相对于营商环境评价指数体系的指标，中拉双边合作评价指数的指标构成中包含较多哑变量，若采用因子分析法，在试图通过提取的因子和其贡献度计算合作指数的过程中，尤其是各模块合作情况的指数分析过程中，对哑变量信息的读取存在一定偏差，导致模块分析结果出现偏误。因此，本报告采用均值分析法分析评价中拉双边合作水平。

2. 因子分析法

因子分析法具体建模如下：

假设对某一问题的研究涉及 n 个指标，且指标之间存在较强的相关性，则基于 n 个指标建立的因子模型可以表示为：

$$Y_1 = k_{11}F_1 + k_{12}F_2 + \cdots + k_{1n}F_n + \varepsilon_1$$

$$Y_2 = k_{21}F_1 + k_{22}F_2 + \cdots + k_{2n}F_n + \varepsilon_2$$

$$\vdots$$

$$Y_p = k_{p1}F_1 + k_{p2}F_2 + \cdots + k_{pn}F_n + \varepsilon_p$$

其中 $F_1, F_2, \cdots, F_n$ 是公共因子，即少数变量所共有的因子，$\varepsilon_1, \varepsilon_2, \cdots, \varepsilon_p$ 是特殊因子，表示每个变量所独有的因素，其中包括误差项，ε_p 仅与 Y_p 相关。k_{pn} 称为第 p 个变量 Y_p 在第 n 个因子 F_n 上的载荷（因子载荷），由因子载荷构成的矩阵称为载荷矩阵，具体表示为

$$K = \begin{pmatrix} k_{11} & k_{12} & \cdots & k_{1n} \\ k_{21} & k_{22} & \cdots & k_{2n} \\ \vdots & \vdots & \vdots & \vdots \\ k_{p1} & k_{p2} & \cdots & k_{pn} \end{pmatrix} \quad (1)$$

则因子模型可以表示为：

$$Y = KF + \varepsilon \qquad (2)$$

其中,各公共因子之间不相关,且方差为 1;公共因子与独立因子、独立因子之间均不相关。

因子分析法的计算步骤如下:

(1) 指标正向化处理

由于我们在构建中拉经贸合作指数模型时,各指标取值不同表达的含义不同、有些指标属正向指标,其取值越高,表明该国营商环境越好,或中拉经贸合作情况更好;而有些指标取值是负向指标,其取值越低,表明对中拉经贸合作更有利,为了避免正负向指标差异导致实证结果的偏差,我们首先对负向指标正向化。

(2) 指标标准化

由于各指标单位及数量级均存在较大差异,为了使各指标具有可比性,本报告首先对指标进行了标准化处理,消除量纲的影响,为了不消除变量本身的经济含义及相对大小,首先对变量进行 0—1 极值标准化法处理,具体转化公式为:

$$Y' = \frac{Y - Y_{\min}}{Y_{\max} - Y_{\min}} \qquad (3)$$

(3) 计算相关系数

基于公式 $r_{ij} = \frac{1}{n}\sum_{k=1}^{n} Y_{ki} Y_{kj}$ 来计算相关系数,相关系数矩阵 R 可以表示为:

$$R = \begin{bmatrix} r_{11} & r_{12} & \cdots & r_{1p} \\ r_{21} & r_{22} & \cdots & r_{2p} \\ \vdots & \vdots & \ddots & \vdots \\ r_{n1} & r_{n2} & \cdots & r_{np} \end{bmatrix} R$$

(4) 求相关矩阵 R 的特征值及特征向量

在因子分析法中，一般有两种方法提取公共因子，第一种方法是按各因子的特征值大小依次提取，特征值大的因子会最先被提取，一般选取特征值大于 1 的前 k 个因子，并获得载荷因子矩阵。第二种方法是固定提取的因子个数，为了使因子反映的信息更加集中，本报告使用第二种方法。

(5) 对因子命名解释

在提取各因子后，为了有效理解每个公共因子的含义，需要对载荷矩阵旋转，使得每个变量仅在一个公共因子上存在较大载荷，从而简化载荷矩阵结构。本报告使用正交旋转法中的极大正交旋转法。

(6) 计算综合得分

将公共因子表示成原有变量的线性组合，并以每个公共因子的贡献率为权重，得到各指标的综合评价值。

以上操作均在 SPSS20 中完成。

3. 均值分析法

均值分析法首先需要对具有负向含义的变量进行正向化处理，然后标准化数据以消除量纲的影响，本报告使用常用的 0—1 标准化法对原始数据进行数据标准化。进而，将标准化后的数据进行算数平均值计算，得到各国家的综合得分。

（二）拉美国家营商环境评价指数实证结果

根据因子分析法的步骤，首先对 2012 年和 2017 年拉美国家营商环境数据进行统一的正向化处理。本报告对通胀率（X206）、宏观杠杆率（X210）、非自然死亡率（X305）、失业率（X306）、基尼系数（X307）、海关关税税率（X405）和非关税壁垒（X406）这 7 个指标进行了正向化处理。之后，继续对 2012 年和 2017 年正向化后的数据进行标准化处理，进而使用这些数据进行接下来的实证研究。

1. 2012 年拉美国家营商环境评价指数

（1）提取特征值和特征向量。SPSS 软件分析结果如表 2-1 所示，前 8 个最大特征值分别为 28.391、11.827、9.405、7.277、5.737、4.876、4.502 和 4.253。这些特征值的累计贡献率超过 75%（76.268%），因此在统计学上认为前 8 个因子已经基本涵盖了营商环境评价指标体系的全部信息，能够较为充分地反映拉美国家的营商环境水平。

表 2-1　　　　　　　2012 年特征值和特征向量贡献率

成分	初始特征值			提取平方和载入			旋转平方和载入		
	合计	方差的 %	累积 %	合计	方差的 %	累积 %	合计	方差的 %	累积 %
1	14.574	30.362	30.362	14.574	30.362	30.362	13.627	28.391	28.391
2	6.619	13.790	44.152	6.619	13.790	44.152	5.677	11.827	40.217
3	3.883	8.089	52.241	3.883	8.089	52.241	4.514	9.405	49.622
4	3.371	7.023	59.264	3.371	7.023	59.264	3.493	7.277	56.898
5	2.411	5.023	64.287	2.411	5.023	64.287	2.754	5.737	62.635
6	2.052	4.274	68.562	2.052	4.274	68.562	2.341	4.876	67.511
7	1.949	4.060	72.622	1.949	4.060	72.622	2.161	4.502	72.013
8	1.749	3.644	76.266	1.749	3.644	76.266	2.041	4.253	76.266
9	1.442	3.004	79.270						

续表

成分	初始特征值			提取平方和载入			旋转平方和载入		
	合计	方差的%	累积%	合计	方差的%	累积%	合计	方差的%	累积%
10	1.411	2.941	82.210						
11	1.211	2.523	84.733						
12	0.989	2.061	86.795						
13	0.904	1.883	88.677						
14	0.783	1.632	90.310						
15	0.682	1.421	91.730						
16	0.669	1.394	93.124						
17	0.558	1.163	94.287						
18	0.431	0.897	95.184						
19	0.397	0.828	96.012						
20	0.386	0.804	96.816						
21	0.344	0.716	97.532						
22	0.275	0.573	98.105						
23	0.241	0.501	98.606						
24	0.159	0.332	98.938						
25	0.127	0.265	99.204						
26	0.106	0.220	99.424						
27	0.086	0.179	99.603						
28	0.079	0.165	99.767						
29	0.058	0.120	99.887						
30	0.026	0.054	99.941						
31	0.020	0.043	99.984						
32	0.008	0.016	100.000						
33	1.396E$-$015	2.909E$-$015	100.000						
34	1.226E$-$015	2.555E$-$015	100.000						

续表

成分	初始特征值			提取平方和载入			旋转平方和载入		
	合计	方差的 %	累积 %	合计	方差的 %	累积 %	合计	方差的 %	累积 %
35	7.123E−016	1.484E−015	100.000						
36	5.969E−016	1.244E−015	100.000						

注：抽取方法为主成分分析。部分结果省略。

资料来源：笔者自制。

（2）获取因子载荷矩阵。采用最大方差正交旋转法处理因子载荷矩阵，以确定每个公因子的具体含义。营商环境指标体系中的变量压缩至 8 个相互独立的因子，这 8 个综合指标中所包含的原指标体系中的信息依次递减，可参见附录 A.1。根据标准化后的原始指标数据以及因子载荷矩阵，计算得到各个国家的 8 个主成分因子，如表 2-2 所示。

表 2-2　　　　2012 年拉美国家营商环境评价指数主成分因子

国家	F1	F2	F3	F4	F5	F6	F7	F8
安提瓜和巴布达	−0.411	0.790	−1.152	−0.155	0.524	−0.521	−0.771	−1.268
阿根廷	0.591	0.695	0.906	−0.997	−1.642	−0.249	0.430	−0.193
巴哈马	−0.459	1.967	−0.869	0.519	−1.025	0.658	−0.468	0.373
巴巴多斯	−0.319	2.359	−1.203	−0.919	0.271	−0.287	0.151	0.903
伯利兹	−0.422	−1.089	−0.399	−0.508	0.072	1.880	1.338	−1.331
玻利维亚	−0.271	−0.933	1.238	−0.577	−0.274	0.038	−0.070	−1.036
巴西	4.713	0.279	−0.195	−1.221	1.577	−0.175	−0.051	0.470
智利	0.406	0.897	0.359	3.655	0.120	0.643	0.142	0.061

续表

国家	F1	F2	F3	F4	F5	F6	F7	F8
哥伦比亚	0.340	-0.070	0.548	1.755	1.321	1.528	-1.682	-0.129
哥斯达黎加	-0.239	0.532	0.690	-0.011	0.192	0.367	0.468	1.333
古巴	-0.445	0.584	1.553	-0.990	0.417	0.419	2.160	1.296
多米尼克	-0.390	0.321	-0.798	-0.344	0.226	0.297	0.755	-0.524
多米尼加	-0.165	-0.440	-0.324	0.190	-0.783	0.039	0.111	0.425
厄瓜多尔	-0.227	-0.165	1.324	-0.239	-0.415	-0.316	-0.748	0.989
萨尔瓦多	-0.335	-0.807	-0.420	0.267	-0.777	-0.672	0.654	0.924
格林纳达	-0.113	-1.495	-2.644	0.130	-0.879	0.582	1.009	-0.993
危地马拉	-0.215	-0.710	0.668	-0.129	1.889	-0.869	-0.102	0.291
圭亚那	-0.408	-1.181	0.159	-0.207	1.088	-0.628	-0.476	-1.431
海地	-0.218	-1.896	-1.588	-0.186	-1.059	-0.708	-2.680	2.952
洪都拉斯	-0.322	-1.234	0.393	-0.203	0.923	-0.044	0.301	0.908
牙买加	-0.262	-0.032	-0.524	-0.722	0.640	-0.456	0.201	-0.572
墨西哥	2.404	-0.522	-0.507	1.229	-1.986	0.195	0.837	-0.423
尼加拉瓜	-0.424	-1.145	0.600	-0.142	0.324	-1.328	0.896	0.195
巴拿马	-0.253	-0.304	0.287	1.854	0.086	-1.121	0.585	-0.268
巴拉圭	-0.420	-0.553	0.507	-0.576	0.513	3.978	-0.504	0.737
秘鲁	0.068	-0.508	1.394	1.094	-0.099	-1.430	0.165	-0.631
圣基茨和尼维斯	-0.473	1.453	-0.590	-0.239	0.488	-0.538	0.341	0.524
圣卢西亚	-0.391	0.611	-1.453	-0.371	1.205	-0.422	-0.326	-0.574
圣文森特和格林纳丁斯	-0.365	-0.042	-1.090	-0.256	0.448	-0.281	0.428	-0.696
苏里南	-0.454	0.036	0.991	-0.651	0.035	-0.184	-0.910	-0.407
特立尼达和多巴哥	-0.492	1.513	0.328	0.489	0.449	-0.385	-1.304	-0.667
乌拉圭	-0.343	0.709	0.558	-0.135	-1.709	-0.136	1.271	0.775
委内瑞拉	0.314	0.381	1.253	-1.405	-2.163	0.123	-2.152	-2.014

资料来源：笔者自制。

（3）计算综合得分。根据8个公因子的方差贡献率为权重计算综合得分，该分数即为拉美国家营商环境的综合评分。为了方便与后文的比较，本报告进一步将综合评分进行"0—100"的标准化处理，最终得到的即为拉美国家营商环境评价指数。各国综合评分和指数如表2-3所示。

表2-3　　2012年拉美国家营商环境综合评分与指数

国家	综合评分	指数	排名
巴西	1.364	100.00	1
墨西哥	0.578	58.71	2
智利	0.568	58.22	3
哥伦比亚	0.336	46.02	4
古巴	0.213	39.56	5
阿根廷	0.167	37.15	6
哥斯达黎加	0.166	37.07	7
秘鲁	0.075	32.30	8
巴巴多斯	0.055	31.26	9
巴拉圭	0.053	31.14	10
巴哈马	0.026	29.73	11
特立尼达和多巴哥	0.025	29.69	12
巴拿马	0.019	29.36	13
乌拉圭	0.015	29.12	14
圣基茨和尼维斯	0.004	28.56	15
厄瓜多尔	-0.008	27.95	16
危地马拉	-0.018	27.41	17
洪都拉斯	-0.112	22.45	18
多米尼克	-0.134	21.33	19
多米尼加	-0.135	21.24	20
苏里南	-0.144	20.78	21
委内瑞拉	-0.151	20.42	22
玻利维亚	-0.174	19.22	23
牙买加	-0.181	18.86	24
圣卢西亚	-0.193	18.22	25

续表

国家	综合评分	指数	排名
尼加拉瓜	-0.207	17.47	26
萨尔瓦多	-0.219	16.83	27
伯利兹	-0.224	16.59	28
安提瓜和巴布达	-0.227	16.44	29
圣文森特和格林纳丁斯	-0.228	16.37	30
圭亚那	-0.306	12.26	31
格林纳达	-0.467	3.82	32
海地	-0.539	0.00	33

资料来源：笔者自制。

2. 2017年拉美国家营商环境评价指数

（1）提取特征值和特征向量

使用2017年数据计算利用SPSS软件分析结果可知，前8个最大特征根分别是18.096、10.443、10.109、9.326、8.313、7.706、6.623、5.367，累积贡献率已经达到75.983%。因此，我们可以认为以上8个因子能够全面反映评价指标的信息，可以全面反映拉美国家营商环境水平，计算结果如表2-4所示。

表2-4　　　　　2017年特征值与特征向量贡献矩阵

成分	初始特征值			提取平方和载入			旋转平方和载入		
	合计	方差的%	累积%	合计	方差的%	累积%	合计	方差的%	累积%
1	14.103	29.381	29.381	14.103	29.381	29.381	8.686	18.096	18.096
2	6.395	13.323	42.704	6.395	13.323	42.704	5.013	10.443	28.539
3	4.345	9.052	51.756	4.345	9.052	51.756	4.852	10.109	38.648

续表

成分	初始特征值			提取平方和载入			旋转平方和载入		
	合计	方差的%	累积%	合计	方差的%	累积%	合计	方差的%	累积%
4	3.428	7.142	58.897	3.428	7.142	58.897	4.476	9.326	47.974
5	2.375	4.948	63.845	2.375	4.948	63.845	3.99	8.313	56.287
6	2.329	4.851	68.696	2.329	4.851	68.696	3.699	7.706	63.992
7	1.8	3.75	72.446	1.8	3.75	72.446	3.179	6.623	70.615
8	1.697	3.536	75.982	1.697	3.536	75.982	2.576	5.367	75.982
9	1.464	3.05	79.032						
10	1.456	3.032	82.065						
11	1.341	2.793	84.858						
12	0.992	2.066	86.924						
13	0.9	1.876	88.8						
14	0.805	1.677	90.477						
15	0.666	1.387	91.864						
16	0.58	1.208	93.072						
17	0.576	1.2	94.272						
18	0.45	0.937	95.209						
19	0.437	0.91	96.119						
20	0.366	0.763	96.882						
21	0.281	0.586	97.468						
22	0.259	0.541	98.008						
23	0.232	0.484	98.493						
24	0.19	0.397	98.889						
25	0.164	0.342	99.231						
26	0.109	0.228	99.459						
27	0.089	0.185	99.643						

续表

成分	初始特征值			提取平方和载入			旋转平方和载入		
	合计	方差的 %	累积 %	合计	方差的 %	累积 %	合计	方差的 %	累积 %
28	0.061	0.127	99.771						
29	0.045	0.094	99.864						
30	0.029	0.06	99.924						
31	0.023	0.048	99.972						
32	0.013	0.028	100						
33	1.48E−15	3.09E−15	100						
34	1.06E−15	2.20E−15	100						
35	7.66E−16	1.60E−15	100						
36	6.51E−16	1.36E−15	100						
37	5.17E−16	1.08E−15	100						
38	2.36E−16	4.93E−16	100						
39	1.01E−16	2.11E−16	100						
40	3.57E−17	7.44E−17	100						
41	−1.13E−17	−2.36E−17	100						
42	−9.47E−17	−1.97E−16	100						
43	−2.48E−16	−5.16E−16	100						

续表

成分	初始特征值			提取平方和载入			旋转平方和载入		
	合计	方差的%	累积%	合计	方差的%	累积%	合计	方差的%	累积%
44	-3.43E-16	-7.15E-16	100						
45	-4.14E-16	-8.62E-16	100						
46	-6.41E-16	-1.34E-15	100						
47	-9.21E-16	-1.92E-15	100						
48	-1.07E-15	-2.22E-15	100						

注：抽取方法为主成分分析。部分结果省略。

资料来源：笔者自制。

（2）获得载荷因子矩阵

本部分使用方差极大正交旋转法处理因子载荷矩阵。2017年指标体系全部变量经过数学处理后被压缩成8个相互独立的综合指标，并且每个指标所包含的信息量依次递减。

根据各指标标准化数据及附录 A.2 因子载荷矩阵，计算2017年具体主成分因子值，如表 2-5 所示。

（3）计算综合得分

以8个公因子的方差贡献率为权重计算拉美国家营商环境综合得分。为了方便与后文的比较，本报告进一步将综合评分进行"0—100"的标准化处理，最终得到的即为拉美国家营商环境评价指数。各国综合评分和排名如表 2-6 所示。

表2-5　2017年拉美国家营商环境评价指数主成分因子

国家	F1	F2	F3	F4	F5	F6	F7	F8
安提瓜和巴布达	0.13586	0.83943	-0.17835	0.73639	-0.43267	-1.4436	-0.93144	0.21561
阿根廷	1.60268	0.66009	-1.61368	0.15046	-0.70822	1.19428	0.42026	0.25434
巴哈马	-0.07884	1.80709	-0.57782	0.26878	-0.89171	-0.26705	0.03008	0.84819
巴巴多斯	-0.53342	2.53932	0.62612	0.60494	-1.11689	-0.63612	0.9377	-0.68496
伯利兹	-0.55789	-1.04499	0.54769	0.00121	-0.20082	0.19301	-0.64964	-0.85564
玻利维亚	-0.10706	-1.04922	-0.64067	-0.609	-0.51263	0.53342	0.59154	-0.02809
巴西	2.84389	0.00405	4.05928	0.02663	-1.00016	1.15995	0.25305	0.08107
智利	-0.8253	0.83145	1.14122	0.12868	3.46305	0.63501	-0.70684	1.01805
哥伦比亚	-0.14206	-0.3174	0.48483	-0.08425	0.72932	-0.32791	-0.4717	3.66063
哥斯达黎加	-0.73643	0.43918	0.21065	0.77187	0.4621	1.21216	0.33055	0.33653
古巴	-0.95195	0.60388	0.27011	0.70416	-0.98818	2.28573	0.98609	-0.23834
多米尼克	0.08867	-0.0652	-0.25404	1.17109	-0.37802	0.63039	-2.77219	-0.10793
多米尼加	0.10467	-0.22701	-0.79138	-0.12136	-0.00095	-0.32607	0.90765	-0.27355
厄瓜多尔	-0.27825	0.015	-0.4541	-0.49212	-0.39446	0.78596	1.08313	0.20561
萨尔瓦多	-0.49522	-0.5697	-0.28978	-0.18936	0.3128	0.36083	0.83035	-0.91521
格林纳达	0.79448	-0.96773	-1.32124	1.23146	-0.7562	-0.77443	-0.72029	0.18626
危地马拉	-0.87525	-0.82384	1.48127	-0.87635	-0.17494	-0.93683	0.97295	-0.07805
圭亚那	-0.34525	-1.30731	0.58637	-0.59822	-0.20127	-1.08561	-0.61141	-0.16386
海地	0.29291	-1.92209	-0.42451	-0.13726	-1.29049	-1.09212	0.40704	0.04619
洪都拉斯	-0.71021	-1.00824	0.08939	-0.47971	-0.37461	0.04693	1.54371	0.25236

续表

国家	F1	F2	F3	F4	F5	F6	F7	F8
牙买加	-0.39886	-0.44738	0.23043	0.71394	0.19552	0.05977	-1.06512	-0.91458
墨西哥	3.76751	-0.15003	-1.10423	0.06067	1.6511	-0.32691	0.61162	-0.26501
尼加拉瓜	-0.81223	-1.21676	0.28911	0.01072	0.30734	0.76759	0.48325	-1.25231
巴拿马	-0.16527	-0.04131	-0.18087	0.17063	1.42627	-0.94653	1.11429	-0.03861
巴拉圭	-0.44863	-0.47889	-0.68221	0.14559	-0.85544	0.05967	0.62938	2.9843
秘鲁	0.25909	-0.43437	-0.57166	-0.66482	2.08056	0.06353	0.38392	-1.09181
圣基茨和尼维斯	-0.32443	1.76757	0.02247	0.28849	-0.20105	-0.95845	0.63309	-0.64952
圣卢西亚	-0.12391	0.32646	0.46867	0.89776	-0.27424	-1.58953	-0.63419	-0.68789
圣文森特和格林纳丁斯	-0.0025	-0.26661	-0.05337	0.96901	-0.39343	-0.25756	-1.54963	-0.45719
苏里南	-0.70128	-0.61366	0.09167	-0.34212	0.11035	0.95842	-1.702	-0.27782
特立尼达和多巴哥	-0.31588	1.05234	0.31705	-0.37306	0.65216	-2.12127	0.40003	-0.43015
乌拉圭	-0.19448	0.76379	-1.24153	0.5577	0.47552	1.84927	-0.03625	-0.54141
委内瑞拉	0.23484	1.30209	-0.53692	-4.64255	-0.71968	0.2941	-1.69899	-0.13621

资料来源:笔者自制。

表 2-6　　2017 年拉美国家营商环境指数及排名

国家名称	综合得分	指数	2017年排名	2012年排名	升降情况
巴西	0.96	100	1	1	—
墨西哥	0.70	81.93	2	2	—
智利	0.41	61.59	3	3	—
阿根廷	0.28	52.8	4	6	↑
哥伦比亚	0.18	45.65	5	4	↓
哥斯达黎加	0.18	45.28	6	7	↑
巴巴多斯	0.17	44.87	7	9	↑
古巴	0.13	41.95	8	5	↓
乌拉圭	0.12	41.34	9	14	↑
巴哈马	0.09	39.39	10	11	↑
巴拿马	0.08	38.46	11	13	↑
圣基茨和尼维斯	0.07	37.81	12	15	↑
秘鲁	0.03	34.64	13	8	↓
厄瓜多尔	-0.03	30.66	14	16	↑
安提瓜和巴布达	-0.03	30.35	15	29	↑
巴拉圭	-0.05	29.17	16	10	↓
特立尼达和多巴哥	-0.06	28.85	17	12	↓
多米尼加	-0.08	27.44	18	20	↑
多米尼克	-0.08	27.18	19	19	—
圣卢西亚	-0.08	27.05	20	25	↑
圣文森特和格林纳丁斯	-0.12	24.12	21	30	↑
牙买加	-0.13	23.78	22	24	↑
格林纳达	-0.14	23.19	23	32	↑
萨尔瓦多	-0.14	23.18	24	27	↑
洪都拉斯	-0.18	20.02	25	18	↓
尼加拉瓜	-0.19	19.1	26	26	—
危地马拉	-0.20	18.5	27	17	↓
玻利维亚	-0.21	17.69	28	23	↓
伯利兹	-0.25	15.51	29	28	↓
苏里南	-0.26	14.6	30	21	↓
圭亚那	-0.35	8.49	31	31	—
海地	-0.37	7.06	32	33	↑
委内瑞拉	-0.47	0	33	22	↓

资料来源：笔者自制。

(4) 计算各模块得分

根据附表 A.2 中各公因子贡献情况，可算出各模块的得分，最后将得分通过标准化处理可转化成 0—100 的指数，具体各模块指数如表 2-7。①

表 2-7　　　　2017 年拉美国家营商环境各模块指数

国家名称	政治环境	宏观经济环境	社会环境	贸易环境	投融资环境	基础设施环境	创新环境
安提瓜和巴布达	59.76	39.81	11.79	22.64	22.64	41.09	16.22
阿根廷	37.57	54.55	54.70	45.23	45.23	67.33	69.06
巴哈马	50.43	30.35	13.10	15.47	15.47	47.70	22.06
巴巴多斯	67.43	24.89	0.65	6.06	6.06	47.09	9.58
伯利兹	60.30	26.10	13.70	12.74	12.74	6.80	16.36
玻利维亚	40.63	26.00	21.58	17.93	17.93	15.43	28.44
巴西	100.00	69.36	73.73	63.90	63.90	83.93	94.08
智利	68.28	47.12	41.64	36.61	36.61	22.50	14.67
哥伦比亚	58.71	37.44	24.52	26.95	26.95	22.89	20.24
哥斯达黎加	64.50	33.52	23.45	14.86	14.86	19.85	21.50
古巴	64.46	20.51	16.06	0.00	0.00	17.53	26.43
多米尼克	63.41	42.68	26.79	22.27	22.27	30.13	33.28
多米尼加	43.99	35.91	22.99	25.46	25.46	28.64	25.29
厄瓜多尔	43.93	25.20	21.42	15.96	15.96	23.96	27.14
萨尔瓦多	48.92	28.94	20.15	17.77	17.77	13.29	19.02
格林纳达	52.05	50.67	25.64	31.24	31.24	33.69	35.47
危地马拉	61.69	15.34	0.00	7.59	7.59	3.15	0.00
圭亚那	54.52	24.73	7.92	16.32	16.32	7.98	9.52
海地	47.94	30.06	10.27	18.64	18.64	13.44	22.48

① 由于数据的可得性有限，本报告在设定资源禀赋时仅用国土面积和大宗商品出口比重两个指标来衡量，在使用因子分析法单独分析该模块时可能会由于指标反映信息过少存在失真。因此，本报告不单独分析资源禀赋模块，国土面积和大宗商品出口比重两个指标仅用作拉美国家营商环境整体的分析。

续表

国家名称	政治环境	宏观经济环境	社会环境	贸易环境	投融资环境	基础设施环境	创新环境
洪都拉斯	50.17	19.29	8.57	8.83	8.83	4.28	11.91
牙买加	64.12	36.15	18.65	18.49	18.49	16.50	18.37
墨西哥	42.36	100.00	100.00	100.00	100.00	100.00	100.00
尼加拉瓜	57.49	25.87	17.60	12.39	12.39	0.00	16.09
巴拿马	53.87	43.52	25.11	31.96	31.96	25.51	14.40
巴拉圭	47.98	24.44	9.38	9.51	9.51	15.19	17.36
秘鲁	40.82	47.70	45.22	44.18	44.18	29.31	31.83
圣基茨和尼维斯	57.37	31.51	9.22	16.67	16.67	42.54	11.05
圣卢西亚	68.70	38.34	7.45	19.49	19.49	30.39	9.66
圣文森特和格林纳丁斯	63.57	39.81	18.49	20.61	20.61	26.14	23.70
苏里南	51.62	23.58	19.37	12.73	12.73	8.83	20.01
特立尼达和多巴哥	53.83	32.36	7.58	23.43	23.43	34.76	1.12
乌拉圭	45.97	39.74	37.73	24.10	24.10	33.89	38.09
委内瑞拉	0.00	0.00	24.11	22.09	22.09	48.13	33.34

资料来源：笔者自制。

（三）中拉双边合作评价指数实证结果

基于平均值法的计算步骤，先对具有负向含义的数据进行正向化处理，本部分对损害性贸易措施数量（Y306）这一指标进行正向化处理。

1. 2013年中拉双边合作评价指数

正向化后，将2013年的所有非虚拟变量数据进行0—1标准化处理，以消除量纲的影响。然后对每个国家的所有数据取算数平均值的方法，得到的分数再进行0—100的标准化处理，最终得到中拉双边合作评价指数,分数及排名情况如表 2-8。

表 2-8　　　　　　　2013 年中拉双边合作评价指数与排名

国家名称	综合得分	指数	排名
巴西	0.539617	100.00	1
墨西哥	0.424316	70.15	2
委内瑞拉	0.368616	55.73	3
智利	0.34742	50.24	4
阿根廷	0.334911	47.00	5
厄瓜多尔	0.324614	44.34	6
古巴	0.323339	44.01	7
秘鲁	0.323309	44.00	8
巴巴多斯	0.289762	35.32	9
哥伦比亚	0.263979	28.64	10
牙买加	0.260558	27.76	11
圭亚那	0.252671	25.71	12
乌拉圭	0.252167	25.58	13
玻利维亚	0.248028	24.51	14
特立尼达和多巴哥	0.247238	24.31	15
巴拿马	0.209160	14.45	16
哥斯达黎加	0.201428	12.45	17
巴拉圭	0.199007	11.82	18
格林纳达	0.197195	11.35	19
多米尼克	0.195151	10.82	20
圣卢西亚	0.185964	8.44	21
萨尔瓦多	0.185537	8.33	22
多米尼加	0.179490	6.77	23
苏里南	0.177909	6.36	24
巴哈马	0.177325	6.21	25
圣基茨和尼维斯	0.174776	5.55	26
危地马拉	0.174694	5.53	27
尼加拉瓜	0.168590	3.95	28
洪都拉斯	0.162218	2.30	29
安提瓜和巴布达	0.161451	2.10	30

续表

国家名称	综合得分	指数	排名
伯利兹	0.159158	1.50	31
海地	0.157554	1.09	32
圣文森特和格林纳丁斯	0.153348	0.00	33

资料来源：笔者自制。

2. 2018年中拉双边合作评价指数

（1）计算综合指数

正向化后，将2018年的所有非虚拟变量数据进行0—1标准化处理，以消除量纲的影响。然后对每个国家的所有数据求取算数平均值的方法，得到的分数再进行0—100的标准化处理，最终得到中拉双边合作评价指数，分数及排名情况如表2-9。

表2-9　　2018年中拉双边合作评价指数与排名

国家名称	综合评分	指数	2018年排名	2013年排名	升降情况
巴西	0.676379	100	1	1	—
智利	0.565977	78.66318	2	4	↑
墨西哥	0.4953	65.00385	3	2	↓
阿根廷	0.456541	57.51302	4	5	↑
厄瓜多尔	0.427186	51.83974	5	6	↑
委内瑞拉	0.418617	50.18377	6	3	↓
秘鲁	0.40646	47.83414	7	8	↑
古巴	0.365189	39.85799	8	7	↓
玻利维亚	0.333822	33.79583	9	14	↑
巴拿马	0.325107	32.11166	10	16	↑
乌拉圭	0.323277	31.75786	11	13	↑

续表

国家名称	综合评分	指数	2018年排名	2013年排名	升降情况
特立尼达和多巴哥	0.308025	28.81027	12	15	↑
哥伦比亚	0.307574	28.72315	13	10	↓
哥斯达黎加	0.303788	27.99146	14	17	↑
巴巴多斯	0.296006	26.4873	15	9	↓
圭亚那	0.282974	23.96872	16	12	↓
牙买加	0.25973	19.47652	17	11	↓
苏里南	0.248942	17.3916	18	24	↑
多米尼加	0.241005	15.85767	19	23	↑
萨尔瓦多	0.235116	14.71945	20	22	↑
格林纳达	0.229803	13.69262	21	19	↓
多米尼克	0.227298	13.20864	22	20	↓
安提瓜和巴布达	0.213116	10.46765	23	30	↑
巴拉圭	0.207617	9.40493	24	18	↓
洪都拉斯	0.195354	7.035017	25	29	↑
巴哈马	0.193923	6.758365	26	25	↓
危地马拉	0.189042	5.815045	27	27	—
伯利兹	0.183637	4.770376	28	31	↑
尼加拉瓜	0.183461	4.736487	29	28	↓
圣基茨和尼维斯	0.18194	4.442476	30	26	↓
圣卢西亚	0.176948	3.477644	31	21	↓
海地	0.170127	2.159361	32	32	—
圣文森特和格林纳丁斯	0.158953	0	33	33	—

资料来源：笔者自制。

(2) 计算模块得分

采用对非虚拟变量0—1标准化后的数据，将每个国家各个模块的指标数据取算数平均值得到模块分数,再通过标准化处理将其转换为 0—100 的指数,中拉双边合作评价各模块指数如表 2-10 所示。

表 2-10　　2018 年中拉双边贸易合作评价各模块指数

国家	政治合作	"一带一路"与双边合作	贸易合作	金融合作	投资合作	人文交流
安提瓜和巴布达	13.096	32.804	15.602	0.000	17.916	3.266
阿根廷	100.000	48.364	37.620	71.457	46.189	20.287
巴哈马	14.356	4.803	33.576	0.043	0.014	3.266
巴巴多斯	17.507	0.421	46.336	0.074	100.000	3.266
伯利兹	0.000	0.000	38.679	0.000	7.342	0.000
玻利维亚	60.576	70.181	35.397	1.146	31.769	4.413
巴西	99.370	83.849	81.227	100.000	92.180	97.994
智利	93.384	100.000	80.331	69.968	76.710	16.275
哥伦比亚	62.556	34.806	58.309	0.000	0.860	10.946
哥斯达黎加	33.483	32.788	88.607	0.171	0.613	4.986
古巴	86.634	35.336	38.956	0.104	66.293	6.132
多米尼克	10.576	33.131	46.809	0.000	0.000	0.000
多米尼加	8.056	33.140	58.448	0.260	0.000	3.266
厄瓜多尔	84.248	86.548	50.983	7.978	58.840	10.143
萨尔瓦多	8.056	32.788	53.754	0.000	0.000	3.266
格林纳达	11.206	32.801	48.232	0.000	0.007	0.573
危地马拉	0.000	0.000	49.181	0.000	0.000	0.000
圭亚那	47.750	34.166	29.715	0.076	34.687	4.413
海地	0.000	0.000	32.463	0.000	0.000	0.000
洪都拉斯	0.000	1.254	53.765	0.000	0.000	0.000
牙买加	19.577	1.862	31.651	0.926	71.614	4.413
墨西哥	87.714	7.390	100.000	12.095	53.084	100.000
尼加拉瓜	0.000	0.000	44.248	0.000	0.001	0.000
巴拿马	45.860	35.738	48.023	5.831	20.306	36.504
巴拉圭	0.000	0.042	65.564	0.000	0.000	0.000
秘鲁	81.098	71.426	60.651	5.852	39.219	15.358

续表

国家	政治合作	"一带一路"与双边合作	贸易合作	金融合作	投资合作	人文交流
圣基茨和尼维斯	0.000	0.000	42.769	0.000	0.173	0.000
圣卢西亚	3.465	0.000	35.089	0.000	0.197	0.000
圣文森特和格林纳丁斯	0.000	0.000	22.431	0.000	0.202	0.000
苏里南	16.247	33.116	29.133	29.153	3.142	3.840
特立尼达和多巴哥	29.208	33.934	43.897	1.106	67.424	3.266
乌拉圭	77.273	32.929	12.551	0.000	64.719	7.851
委内瑞拉	78.578	98.364	0.000	64.137	49.776	5.559

资料来源：笔者自制。

三 拉美国家营商环境及中拉双边合作评价模块分析

(一) 拉美国家营商环境评价模块分析

1. 政治环境

根据本报告第二部分表2-7中的2017年拉美国家营商环境各模块指数计算结果,对拉美国家政治环境指数排名,具体排名如表3-1所示。

表3-1　　　　　拉美国家政治环境指数及排名

国家名称	指数	排名	国家名称	指数	排名
巴西	100.00	1	牙买加	64.12	7
圣卢西亚	68.70	2	圣文森特和格林纳丁斯	63.57	8
智利	68.28	3	多米尼克	63.41	9
巴巴多斯	67.43	4	危地马拉	61.69	10
哥斯达黎加	64.50	5	伯利兹	60.30	11
古巴	64.46	6	安提瓜和巴布达	59.76	12

续表

国家名称	指数	排名	国家名称	指数	排名
哥伦比亚	58.71	13	巴拉圭	47.98	24
尼加拉瓜	57.49	14	海地	47.94	25
圣基茨和尼维斯	57.37	15	乌拉圭	45.97	26
圭亚那	54.52	16	多米尼加	43.99	27
巴拿马	53.87	17	厄瓜多尔	43.93	28
特立尼达和多巴哥	53.83	18	墨西哥	42.36	29
格林纳达	52.05	19	秘鲁	40.82	30
苏里南	51.62	20	玻利维亚	40.63	31
巴哈马	50.43	21	阿根廷	37.57	32
洪都拉斯	50.17	22	委内瑞拉	0.00	33
萨尔瓦多	48.92	23			

资料来源：笔者自制。

如表3-1所示，在2017年拉美国家营商环境体系中，巴西政治环境最好，其次依次是圣卢西亚、智利、巴巴多斯等国，委内瑞拉政治环境排名最差。

2. 宏观经济环境

根据表2-7中各模块指数计算结果，得到如表3-2所示的拉美国家宏观经济环境指数及排名。

由表3-2可知，墨西哥宏观经济环境最好，其次依次为巴西、阿根廷、格林纳达、秘鲁、智利等国，委内瑞拉宏观经济环境在拉美国家位于末位。

表 3-2　　　　　　　　拉美国家宏观经济环境指数及排名

国家名称	指数	排名	国家名称	指数	排名
墨西哥	100.00	1	圣基茨和尼维斯	31.51	18
巴西	69.36	2	巴哈马	30.35	19
阿根廷	54.55	3	海地	30.06	20
格林纳达	50.67	4	萨尔瓦多	28.94	21
秘鲁	47.70	5	伯利兹	26.10	22
智利	47.12	6	玻利维亚	26.00	23
巴拿马	43.52	7	尼加拉瓜	25.87	24
多米尼克	42.68	8	厄瓜多尔	25.20	25
安提瓜和巴布达	39.81	9	巴巴多斯	24.89	26
圣文森特和格林纳丁斯	39.81	10	圭亚那	24.73	27
乌拉圭	39.74	11	巴拉圭	24.44	28
圣卢西亚	38.34	12	苏里南	23.58	29
哥伦比亚	37.44	13	古巴	20.51	30
牙买加	36.15	14	洪都拉斯	19.29	31
多米尼加	35.91	15	危地马拉	15.34	32
哥斯达黎加	33.52	16	委内瑞拉	0.00	33
特立尼达和多巴哥	32.36	17			

资料来源：笔者自制。

3. 社会环境

根据模块得分及各因子载荷矩阵贡献程度，得到拉美国家社会环境指数及排名，如表 3-3 所示。

从各国家得分来看，墨西哥、巴西、阿根廷、秘鲁、智利依次是拉美国家社会环境模块排名前五名的国家，危地马拉社会环境排名位于拉美国家末位。

表3-3　　　　　　　拉美国家社会环境指数及排名

国家名称	指数	排名	国家名称	指数	排名
墨西哥	100.00	1	牙买加	18.65	18
巴西	73.73	2	圣文森特和格林纳丁斯	18.49	19
阿根廷	54.70	3	尼加拉瓜	17.60	20
秘鲁	45.22	4	古巴	16.06	21
智利	41.64	5	伯利兹	13.70	22
乌拉圭	37.73	6	巴哈马	13.10	23
多米尼克	26.79	7	安提瓜和巴布达	11.79	24
格林纳达	25.64	8	海地	10.27	25
巴拿马	25.11	9	巴拉圭	9.38	26
哥伦比亚	24.52	10	圣基茨和尼维斯	9.22	27
委内瑞拉	24.11	11	洪都拉斯	8.57	28
哥斯达黎加	23.45	12	圭亚那	7.92	29
多米尼加	22.99	13	特立尼达和多巴哥	7.58	30
玻利维亚	21.58	14	圣卢西亚	7.45	31
厄瓜多尔	21.42	15	巴巴多斯	0.65	32
萨尔瓦多	20.15	16	危地马拉	0.00	33
苏里南	19.37	17			

资料来源：笔者自制。

4. 贸易环境

表3-4显示了拉美国家贸易环境指数及排名，从各国家模块得分情况来看，墨西哥是拉美国家中贸易环境指数最高的国家，位列拉美贸易环境指数排名前五名的其他几个国家依次是：巴西、阿根廷、秘鲁和智利。从贸易环境来看，古巴的贸易环境位于拉美国家末位。

表 3-4　　　　　　　　拉美国家贸易环境指数及排名

国家名称	指数	排名	国家名称	指数	排名
墨西哥	100.00	1	牙买加	18.49	18
巴西	63.90	2	玻利维亚	17.93	19
阿根廷	45.23	3	萨尔瓦多	17.77	20
秘鲁	44.18	4	圣基茨和尼维斯	16.67	21
智利	36.61	5	圭亚那	16.32	22
巴拿马	31.96	6	厄瓜多尔	15.96	23
格林纳达	31.24	7	巴哈马	15.47	24
哥伦比亚	26.95	8	哥斯达黎加	14.86	25
多米尼加	25.46	9	伯利兹	12.74	26
乌拉圭	24.10	10	苏里南	12.73	27
特立尼达和多巴哥	23.43	11	尼加拉瓜	12.39	28
安提瓜和巴布达	22.64	12	巴拉圭	9.51	29
多米尼克	22.27	13	洪都拉斯	8.83	30
委内瑞拉	22.09	14	危地马拉	7.59	31
圣文森特和格林纳丁斯	20.61	15	巴巴多斯	6.06	32
圣卢西亚	19.49	16	古巴	0.00	33
海地	18.64	17			

资料来源：笔者自制。

5. 投融资环境

依据拉美国家营商环境投融资模块得分情况对其排名，可以得到如表 3-5。与拉美国家投融资环境指标相同，墨西哥、巴西、阿根廷等国投资环境在拉美国家较为突出，危地马拉、巴巴多斯、古巴三国投融资环境在拉美国家位于末位。

表3-5　　　　　　　拉美国家投融资环境指数及排名

国家名称	指数	排名	国家名称	指数	排名
墨西哥	100.00	1	牙买加	18.49	18
巴西	63.90	2	玻利维亚	17.93	19
阿根廷	45.23	3	萨尔瓦多	17.77	20
秘鲁	44.18	4	圣基茨和尼维斯	16.67	21
智利	36.61	5	圭亚那	16.32	22
巴拿马	31.96	6	厄瓜多尔	15.96	23
格林纳达	31.24	7	巴哈马	15.47	24
哥伦比亚	26.95	8	哥斯达黎加	14.86	25
多米尼加	25.46	9	伯利兹	12.74	26
乌拉圭	24.10	10	苏里南	12.73	27
特立尼达和多巴哥	23.43	11	尼加拉瓜	12.39	28
安提瓜和巴布达	22.64	12	巴拉圭	9.51	29
多米尼克	22.27	13	洪都拉斯	8.83	30
委内瑞拉	22.09	14	危地马拉	7.59	31
圣文森特和格林纳丁斯	20.61	15	巴巴多斯	6.06	32
圣卢西亚	19.49	16	古巴	0.00	33
海地	18.64	17			

资料来源：笔者自制。

6. 基础设施环境

表3-6显示了拉美国家基础设施环境指数及排名，墨西哥是拉美基础设施环境排名第一的国家，其次是巴西，位于拉美国家第二名，阿根廷、委内瑞拉基础设施环境指数评分也相对较高。与其他拉美国家相比，尼加拉瓜在基础设施环境中排名最低，说明尼加拉瓜基础设施环境最为薄弱。

表 3-6　　　　　　　拉美国家基础设施环境指数及排名

国家名称	指数	排名	国家名称	指数	排名
墨西哥	100.00	1	厄瓜多尔	23.96	18
巴西	83.93	2	哥伦比亚	22.89	19
阿根廷	67.33	3	智利	22.50	20
委内瑞拉	48.13	4	哥斯达黎加	19.85	21
巴哈马	47.70	5	古巴	17.53	22
巴巴多斯	47.09	6	牙买加	16.50	23
圣基茨和尼维斯	42.54	7	玻利维亚	15.43	24
安提瓜和巴布达	41.09	8	巴拉圭	15.19	25
特立尼达和多巴哥	34.76	9	海地	13.44	26
乌拉圭	33.89	10	萨尔瓦多	13.29	27
格林纳达	33.69	11	苏里南	8.83	28
圣卢西亚	30.39	12	圭亚那	7.98	29
多米尼克	30.13	13	伯利兹	6.80	30
秘鲁	29.31	14	洪都拉斯	4.28	31
多米尼加	28.64	15	危地马拉	3.15	32
圣文森特和格林纳丁斯	26.14	16	尼加拉瓜	0.00	33
巴拿马	25.51	17			

资料来源：笔者自制。

7. 创新环境

根据表 2-7 中拉美国家营商环境各模块指数情况，得到拉美国家创新环境指数及排名，如表 3-7 所示。

2017 年，墨西哥创新环境得分最高，说明墨西哥在该年是拉美国家创新环境最好的国家，其次依次为巴西、阿根廷、乌拉圭、格林纳达、委内瑞拉等国，2017 年圭亚那、特立尼达和多巴哥、危地马拉创新环境在拉美国家处于末位水平，其中危地马拉2017年创新环境模块得分最低。

表3-7 拉美国家创新环境指数及排名

国家名称	指数	排名	国家名称	指数	排名
墨西哥	100.00	1	苏里南	20.01	18
巴西	94.08	2	萨尔瓦多	19.02	19
阿根廷	69.06	3	牙买加	18.37	20
乌拉圭	38.09	4	巴拉圭	17.36	21
格林纳达	35.47	5	伯利兹	16.29	22
委内瑞拉	33.34	6	安提瓜和巴布达	16.22	23
多米尼克	33.28	7	尼加拉瓜	16.09	24
秘鲁	31.83	8	智利	14.67	25
玻利维亚	28.44	9	巴拿马	14.40	26
厄瓜多尔	27.14	10	洪都拉斯	11.91	27
古巴	26.43	11	圣基茨和尼维斯	11.05	28
多米尼加	25.29	12	圣卢西亚	9.66	29
圣文森特和格林纳丁斯	23.70	13	巴巴多斯	9.58	30
海地	22.48	14	圭亚那	9.52	31
巴哈马	22.06	15	特立尼达和多巴哥	1.12	32
哥斯达黎加	21.50	16	危地马拉	0.00	33
哥伦比亚	20.24	17			

资料来源：笔者自制。

（二）中拉双边合作评价模块分析

根据本报告第二部分表2-10中的2018年中拉双边合作评价各模块指数计算结果，进行中拉双边合作模块分析。

1. 政治合作模块

根据表2-10中的计算结果对中拉政治合作指数进行排名，

得到如表 3-8 所示结果。

表 3-8　　中拉政治合作指数及排名

国家名称	指数	排名	国家名称	指数	排名
阿根廷	100	1	苏里南	16.247	18
巴西	99.37	2	巴哈马	14.356	19
智利	93.384	3	安提瓜和巴布达	13.096	20
墨西哥	87.714	4	格林纳达	11.206	21
古巴	86.634	5	多米尼克	10.576	22
厄瓜多尔	84.248	6	多米尼加	8.056	23
秘鲁	81.098	7	萨尔瓦多	8.056	23
委内瑞拉	78.578	8	圣卢西亚	3.465	25
乌拉圭	77.273	9	伯利兹	0	26
哥伦比亚	62.556	10	危地马拉	0	26
玻利维亚	60.576	11	海地	0	26
圭亚那	47.75	12	洪都拉斯	0	26
巴拿马	45.86	13	尼加拉瓜	0	26
哥斯达黎加	33.483	14	巴拉圭	0	26
特立尼达和多巴哥	29.208	15	圣基茨和尼维斯	0	26
牙买加	19.577	16	圣文森特和格林纳丁斯	0	26
巴巴多斯	17.507	17			

资料来源：笔者自制。

如表 3-8 所示，2018 年中拉双边合作评价体系中，中国与阿根廷、巴西、智利、墨西哥和古巴等国在政治领域的合作表现最好。圣卢西亚与中国政治合作水平位列拉美国家倒数第二位，而伯利兹、危地马拉等八国与中国的政治合作目前排名靠后。不难发现，以上九个国家是迄今为止未与中国建交的国家。

2. "一带一路"与双边合作模块

根据表2-10中的计算结果对中拉"一带一路"与双边合作指数进行排名,得到如表3-9所示结果。

表3-9　　　　中拉"一带一路"与双边合作指数及排名

国家名称	指数	排名	国家名称	指数	排名
智利	100	1	格林纳达	32.801	18
委内瑞拉	98.364	2	哥斯达黎加	32.788	19
厄瓜多尔	86.548	3	萨尔瓦多	32.788	19
巴西	83.849	4	墨西哥	7.39	21
秘鲁	71.426	5	巴哈马	4.803	22
玻利维亚	70.181	6	牙买加	1.862	23
阿根廷	48.364	7	洪都拉斯	1.254	24
巴拿马	35.738	8	巴巴多斯	0.421	25
古巴	35.336	9	巴拉圭	0.042	26
哥伦比亚	34.806	10	伯利兹	0	27
圭亚那	34.166	11	危地马拉	0	27
特立尼达和多巴哥	33.934	12	海地	0	27
多米尼加	33.14	13	尼加拉瓜	0	27
多米尼克	33.131	14	圣基茨和尼维斯	0	27
苏里南	33.116	15	圣卢西亚	0	27
乌拉圭	32.929	16	圣文森特和格林纳丁斯	0	27
安提瓜和巴布达	32.804	17			

资料来源:笔者自制。

中国与拉美国家在"一带一路"领域内合作取得了丰硕的成果,仅在2018年,就有15个国家与中国签订了"一带一路"共建合作文件。表3-9是对中拉"一带一路"与双边合作情况的评价,可以看出,截至2018年,中国与智利、委内瑞拉、厄瓜多尔、巴西等国在"一带一路"与双边合作领域的表现最好，而与伯利兹、危地马拉等七国的"一带一路"与双边合作目前排名最靠后。

3. 贸易合作模块

根据表 2-10 中的计算结果对中拉贸易合作指数进行排名，得到如 3-10 所示结果。

表 3-10 中拉贸易合作指数及排名

国家名称	指数	排名	国家名称	指数	排名
墨西哥	100	1	特立尼达和多巴哥	43.897	18
哥斯达黎加	88.607	2	圣基茨和尼维斯	42.769	19
巴西	81.227	3	古巴	38.956	20
智利	80.331	4	伯利兹	38.679	21
巴拉圭	65.564	5	阿根廷	37.62	22
秘鲁	60.651	6	玻利维亚	35.397	23
多米尼加	58.448	7	圣卢西亚	35.089	24
哥伦比亚	58.309	8	巴哈马	33.576	25
洪都拉斯	53.765	9	海地	32.463	26
萨尔瓦多	53.754	10	牙买加	31.651	27
厄瓜多尔	50.983	11	圭亚那	29.715	28
危地马拉	49.181	12	苏里南	29.133	29
格林纳达	48.232	13	圣文森特和格林纳丁斯	22.431	30
巴拿马	48.023	14	安提瓜和巴布达	15.602	31
多米尼克	46.809	15	乌拉圭	12.551	32
巴巴多斯	46.336	16	委内瑞拉	0	33
尼加拉瓜	44.248	17			

资料来源：笔者自制。

贸易合作模块评价了中拉合作对双边贸易经济的重要程度，

其选取的变量具有双向评价的特征,即可以同时反映中国和拉美国家作为报告国时的合作水平。如表 3-10 所示,2018 年中拉双边贸易合作评价体系中,中国与墨西哥、哥斯达黎加、巴西和智利等国在贸易领域合作表现最好。中国与安提瓜和巴布达、乌拉圭及委内瑞拉的贸易合作目前排名靠后。

4. 金融合作模块

根据表 2-10 中的计算结果对中拉金融合作指数进行排名,得到如表 3-11 所示结果。

表 3-11　　　　　　　　中拉金融合作指数及排名

国家名称	指数	排名	国家名称	指数	排名
巴西	100	1	巴哈马	0.043	18
阿根廷	71.457	2	乌拉圭	0	19
智利	69.968	3	安提瓜和巴布达	0	19
委内瑞拉	64.137	4	伯利兹	0	19
苏里南	29.153	5	哥伦比亚	0	19
墨西哥	12.095	6	多米尼克	0	19
厄瓜多尔	7.978	7	萨尔瓦多	0	19
秘鲁	5.852	8	格林纳达	0	19
巴拿马	5.831	9	危地马拉	0	19
玻利维亚	1.146	10	海地	0	19
特立尼达和多巴哥	1.106	11	洪都拉斯	0	19
牙买加	0.926	12	尼加拉瓜	0	19
多米尼加	0.26	13	巴拉圭	0	19
哥斯达黎加	0.171	14	圣基茨和尼维斯	0	19
古巴	0.104	15	圣卢西亚	0	19
圭亚那	0.076	16	圣文森特和格林纳丁斯	0	19
巴巴多斯	0.074	17			

资料来源:笔者自制。

从表3-11所示的中拉双边金融合作得分可以看出,截至2018年,中国与拉美国家在金融领域开展的合作较为有限。除中国与巴西、阿根廷、智利、委内瑞拉四国金融合作得分相对较高外,与其他国家在金融领域合作得分相对较低,而与安提瓜和巴布达、伯利兹等15个国家的金融合作目前排名最靠后。

5. 投资合作模块

根据表2-10中的计算结果对中拉投资合作指数进行排名,得到如表3-12所示结果。

表3-12　　　　　　　中拉投资合作指数及排名

国家名称	指数	排名	国家名称	指数	排名
巴巴多斯	100	1	苏里南	3.142	18
巴西	92.18	2	哥伦比亚	0.86	19
智利	76.71	3	哥斯达黎加	0.613	20
牙买加	71.614	4	圣文森特和格林纳丁斯	0.202	21
特立尼达和多巴哥	67.424	5	圣卢西亚	0.197	22
古巴	66.293	6	圣基茨和尼维斯	0.173	23
乌拉圭	64.719	7	巴哈马	0.014	24
厄瓜多尔	58.84	8	格林纳达	0.007	25
墨西哥	53.084	9	尼加拉瓜	0.001	26
委内瑞拉	49.776	10	多米尼克	0	27
阿根廷	46.189	11	多米尼加	0	27
秘鲁	39.219	12	萨尔瓦多	0	27
圭亚那	34.687	13	危地马拉	0	27
玻利维亚	31.769	14	海地	0	27
巴拿马	20.306	15	洪都拉斯	0	27
安提瓜和巴布达	17.916	16	巴拉圭	0	27
伯利兹	7.342	17			

资料来源:笔者自制。

如表 3-12 所示，2018 年中拉双边投资合作评价体系中，中国与巴巴多斯、巴西、智利等国在投资合作领域的综合表现最好，而与多米尼克、多米尼加及其他几个中美洲和加勒比国家的投资合作目前排名最后。

6. 人文交流模块

根据表 2-10 中的计算结果对中拉人文交流指数进行排名，得到如表 3-13 所示结果。

表 3-13　　　　　　　　　中拉人文交流指数及排名

国家名称	指数	排名	国家名称	指数	排名
墨西哥	100	1	巴哈马	3.266	17
巴西	97.994	2	巴巴多斯	3.266	17
巴拿马	36.504	3	多米尼加	3.266	17
阿根廷	20.287	4	萨尔瓦多	3.266	17
智利	16.275	5	特立尼达和多巴哥	3.266	17
秘鲁	15.358	6	格林纳达	0.573	23
哥伦比亚	10.946	7	伯利兹	0	24
厄瓜多尔	10.143	8	多米尼克	0	24
乌拉圭	7.851	9	危地马拉	0	24
古巴	6.132	10	海地	0	24
委内瑞拉	5.559	11	洪都拉斯	0	24
哥斯达黎加	4.986	12	尼加拉瓜	0	24
玻利维亚	4.413	13	巴拉圭	0	24
圭亚那	4.413	13	圣基茨和尼维斯	0	24
牙买加	4.413	13	圣卢西亚	0	24
苏里南	3.84	16	圣文森特和格林纳丁斯	0	24
安提瓜和巴布达	3.266	17			

资料来源：笔者自制。

可以看出，中国与拉美国家在人文交流领域开展的合作较为有限，且与各国开展人文交流合作的进展差异较大。截至2018年，中国仅与墨西哥、巴西两国开展较为丰富多元的文化交流活动。中国与巴拿马人文交流合作水平位于拉美国家第三位，但与第一位、第二位得分差距较大。此外，中国与阿根廷、智利、秘鲁、哥伦比亚、厄瓜多尔、乌拉圭等国也开展了一定程度的文化交流活动，但文化交流形式相对单一，主要集中在建立孔子学院、双边共建友好城市方面。大多数国家的人文交流仅处于初始阶段，更有十国与中国几乎未开展人文交流活动。

四 拉美国家营商环境及中拉双边合作评价国别分析

根据拉美各国在营商环境评价以及中拉双边合作评价体系中各模块的指数进行国别分析,通过雷达图的方式直观地呈现拉美各国营商环境的优势和劣势模块,以及中国与拉美各国合作的优势领域和不足之处,为进一步推进中拉经贸合作的开展提供客观依据。本部分沿用前文数值分布在0—100的指数评分,指数越高则对应的模块表现越好。

(一)安提瓜和巴布达

如图4-1所示,2017年,安提瓜和巴布达营商环境得分表现最突出的两个模块是政治环境(59.76)模块和基础设施环境(41.09)模块,宏观经济环境(39.81)模块得分表现弱于政治环境模块和基础设施环境模块,但与其他拉美国家横向比较,安提瓜和巴布达在基础设施环境和宏观经济环境领域排名更加靠前,位于拉美国家中上游水平。相对而言,安提瓜和巴布达在创新环境(16.22)和社会环境(11.79)两个模块表现最为薄弱,模块评分值及排序与其他模块相比均存在较大的差距。说明与其他模块相比，安提瓜和巴布达应着力改善创新环境和社会环境模块。

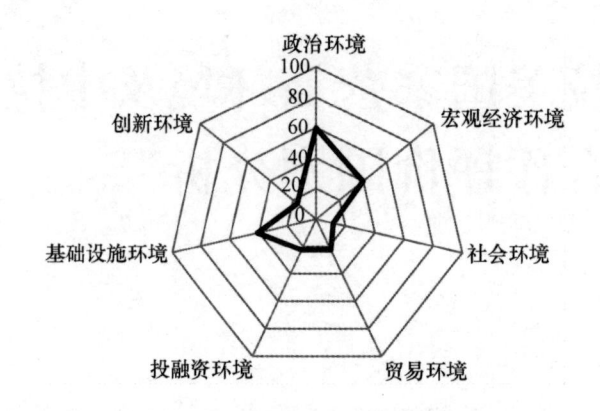

图 4-1 中国与安提瓜和巴布达营商环境雷达图

如图 4-2 所示，2018 年，中国与安提瓜和巴布达双边合作较好的模块体现在"一带一路"与双边合作（32.8）领域，双方在投资合作（17.92）领域、贸易合作（15.60）和政治合作（13.10）领域也有一定程度合作。而在人文交流（3.27）、金融合作的领域较为落后，在金融合作领域亟须推进，截至 2018 年年底，中安两国金融合作处于拉美国家末位水平。

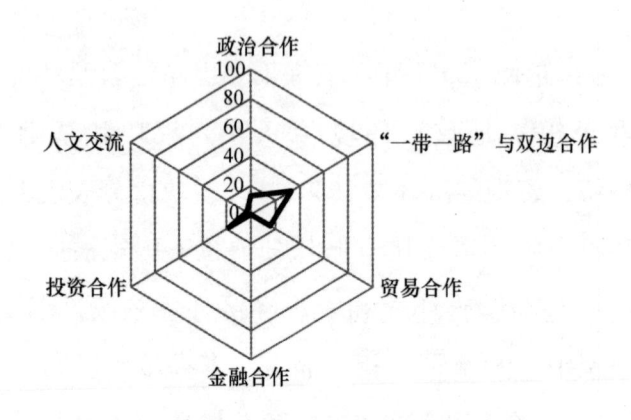

图 4-2 中国与安提瓜和巴布达双边合作雷达图

（二）阿根廷

如图 4-3 所示，2017 年阿根廷营商环境各模块评分相对平均，营商环境最好的是创新环境（69.06）模块，其次是基础设施环境（67.39）、社会环境（54.70）、宏观经济环境（54.55）三个模块得分也在 50 以上，贸易环境（45.23）、投融资环境（45.23）模块相比其他模块存在微弱的差距，在政治环境（37.57）模块得分最低，并在横向上与其他拉美国家相比存在较大的差距。

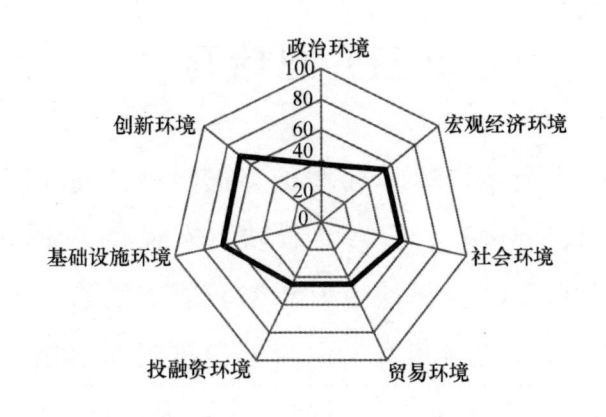

图 4-3 中国与阿根廷营商环境雷达图

如图 4-4 所示，2018 年中国与阿根廷在政治合作（100.00）、金融合作（71.46）的双边合作表现较为突出，"一带一路"与双边合作（48.36）以及投资合作（46.19）领域也有一定的成绩，基于本报告的研究结果，中阿贸易在阿根廷经济发展中的重要性低于中国与其他国家合作对该国经济发展的重要性，且中阿人文交流的形式相对单一，体现在贸易合作（37.62）与人文交流（18.5）两个模块得分相对落后，贸易合作与人文交流是未来中阿双边合作中需要重点提升的领域。

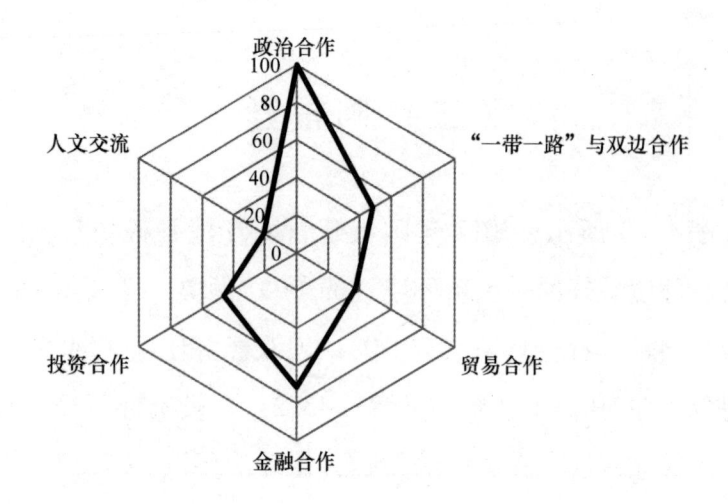

图 4-4 中国与阿根廷双边合作雷达图

（三）巴哈马

如图 4-5 所示，2017 年中国与巴哈马营商环境中表现最好的是基础设施环境（47.79）模块，宏观经济环境（30.35）和创新环境（22.06）模块也有相对较好的表现，虽然政治环境（50.43）模块得分最高，但与其他拉美国家相比，排名位于中下游。在贸易环境（15.47）、投融资环境（15.47）和社会环境（13.10）模块表现则较为薄弱，因此，未来巴哈马应该在投融资环境、贸易环境和社会环境三个方面着力改善。

如图 4-6 所示，中国与巴哈马双边合作整体水平相对较低，在贸易合作（33.58）、政治合作（15.4）领域相较于其他几个合作领域来说表现较好，但与拉美其他国家对比来说，处于中下游水平，可以进一步加强合作。"一带一路"与双边合作（4.80）、人文交流（3.27）领域提升空间较大，而金融合作（0.04）、投资合作（0.01）领域在所有国家中处于末位水平，存在极大的改善空间。

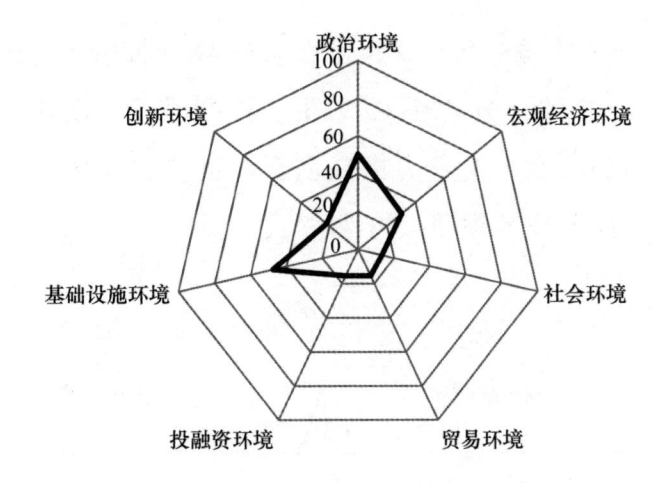

图 4-5　中国与巴哈马营商环境雷达图

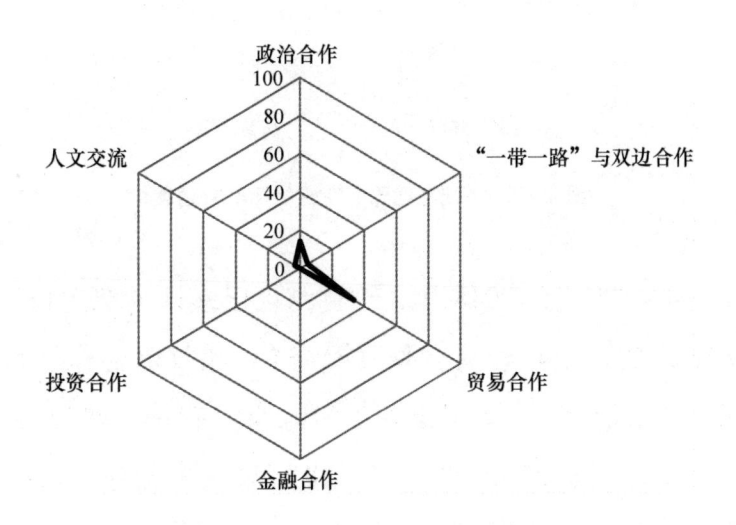

图 4-6　中国与巴哈马双边合作雷达图

（四）巴巴多斯

如图 4-7 所示，2017 年中国与巴巴多斯营商环境表现最好的领域是政治环境（67.43）和基础设施环境（47.09），排序均位列拉美国家前列。其次是宏观经济环境（24.89）领域，在其他模块，巴巴多斯表现相对薄弱，其中，创新环境

(9.53)、贸易环境（6.06）、投融资环境（6.06）、社会环境（0.65）四个模块评分均在10以下，说明巴巴多斯在以上几个模块发展不够均衡，应着力提高创新、贸易和投融资环境三个模块，且在社会环境领域大力改善。

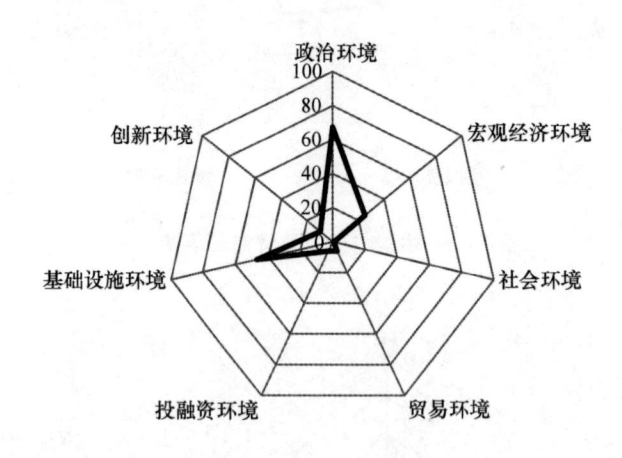

图4-7　中国与巴巴多斯营商环境雷达图

如图4-8所示，2018年，中国与巴巴多斯的双边投资合作（100）表现突出。在贸易合作（46.34）和政治合作（17.51）两个领域相对处于33个国家的中游水平，有进一步提升空间，然而人文交流（3.27）、"一带一路"与双边合作（0.42）和金融合作（0.07）领域则比较欠缺。

（五）伯利兹

如图4-9所示，伯利兹在各模块表现存在较大差异，其中，在政治环境模块（60.30）表现最为突出，其次是宏观经济模块（26.10）。在创新环境（16.29）、社会环境（13.70）模块得分虽然较低，但排序与宏观经济模块在拉美国家中排序

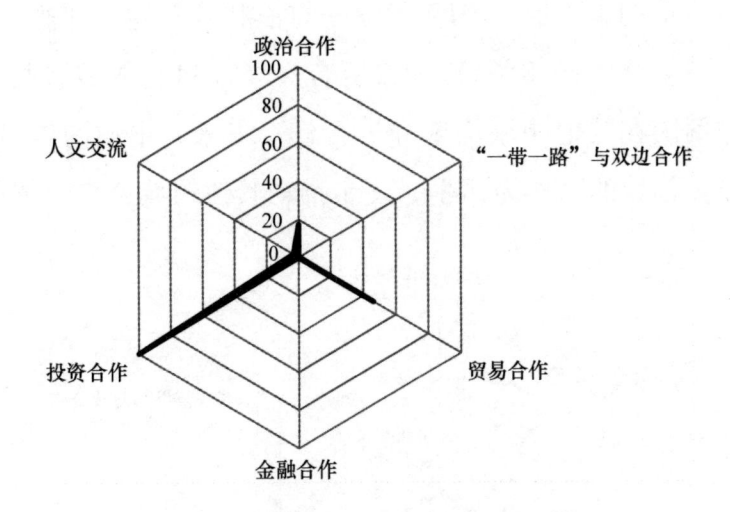

图 4-8 中国与巴巴多斯双边合作雷达图

持平。在投融资环境（12.74）、贸易环境（12.74）、基础设施环境（6.80）则相对较弱，投融资环境、贸易环境几个模块是未来伯利兹改进营商环境的重点领域，基础设施环境是伯利兹亟须改进的重点。

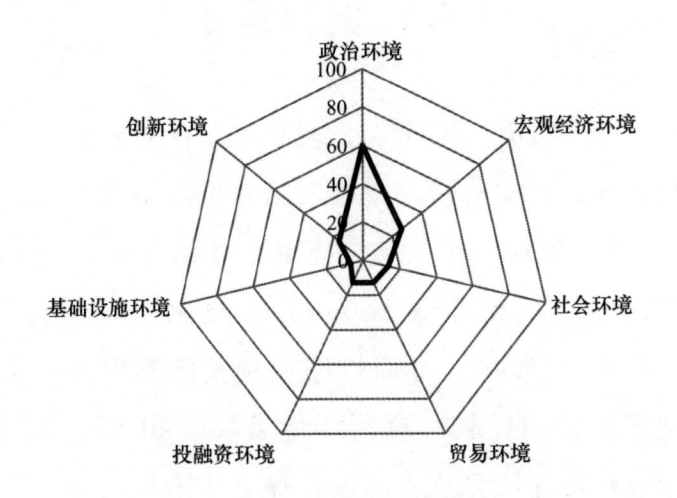

图 4-9 中国与伯利兹营商环境雷达图

如图 4-10 所示，2017 年中国与伯利兹双边合作整体水平较低，贸易合作（38.68）和投资合作（7.34）领域有些合作，而中伯两国在其他领域均未开展合作。未来，中伯两国应以贸易和投资领域的合作为抓手，逐步推动其他领域合作的发展。

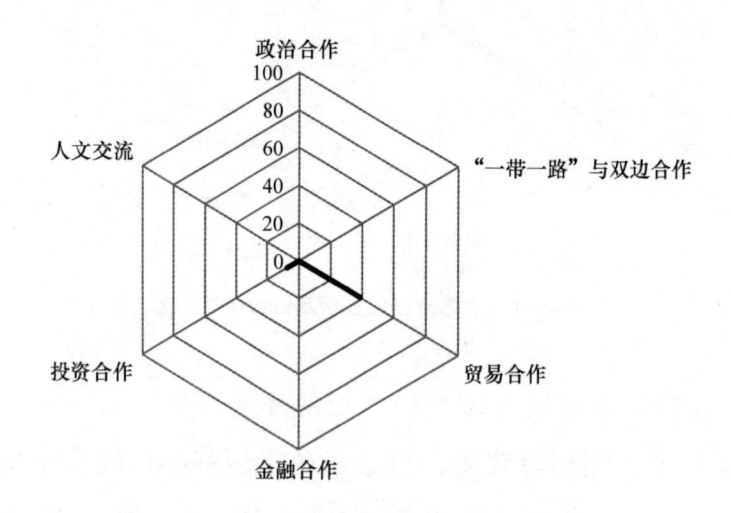

图 4-10　中国与伯利兹双边合作雷达图

（六）玻利维亚

如图 4-11 所示，2017 年，玻利维亚在创新环境（28.44）模块表现最好，在拉美国家中排名第九位。表现其次的是社会环境（21.58）模块，在拉美国家处于中游水平，在宏观经济环境（26.00）、贸易环境（17.93）、投融资环境（17.93）、基础设施环境（15.43）方面排序在拉美国家中下游水平，虽然与其他模块横向比较，政治环境模块（40.63）得分最高，但玻利维亚政治环境在拉美国家排序处于末位水平，因此，未来玻利维亚可将提升政治环境作为改善本国营商环境的主攻方向。

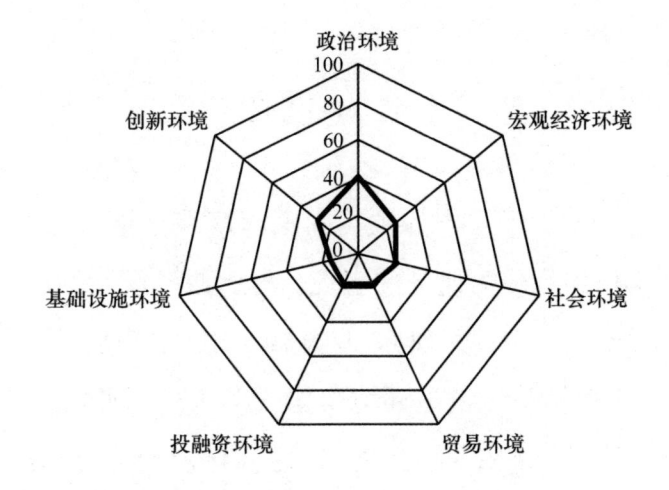

图 4-11 玻利维亚营商环境雷达图

如图 4-12 所示，相对而言，2018 年中国与玻利维亚在"一带一路"与双边合作（70.18）、政治合作（60.58）两个领域合作密切，贸易合作（35.40）和投资合作（31.77）领域也较为积极，然而人文交流（4.41）和金融合作（1.15）领域仍有极大改善空间。

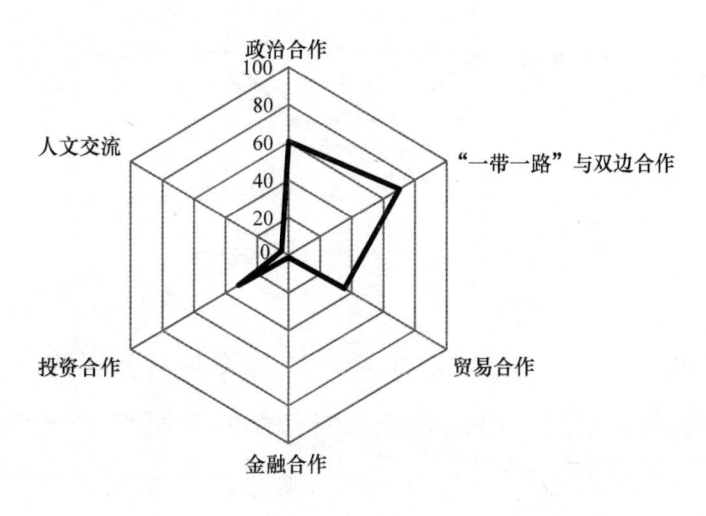

图 4-12 中国与玻利维亚双边合作雷达图

（七）巴西

如图 4-13 所示，作为拉美国家营商综合指数最高的国家，巴西在各模块均有较为优异的表现。对巴西各模块发展而言，政治环境模块（100）表现最为突出，其次是创新环境模块（94.08），再次是基础设施环境模块（83.93）。此外，巴西在社会环境（73.7）、宏观经济环境（69.36）、投融资环境（63.90）、贸易环境（63.90）的表现也较为优异。巴西在各模块表现均位于拉美国家前两位，相对而言，未来巴西可将提升投融资环境和贸易环境作为提升本国营商水平的主攻方向。

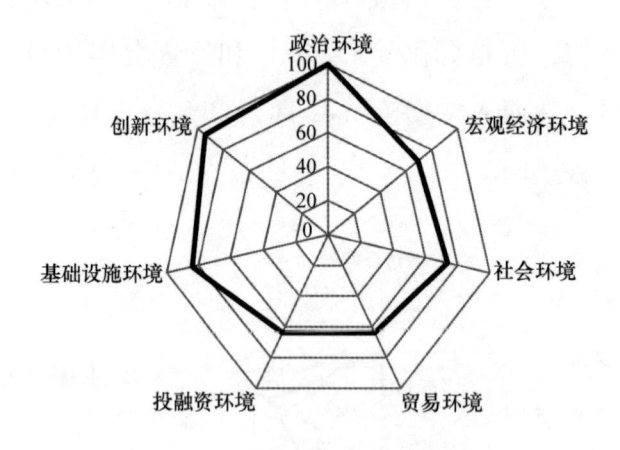

图 4-13 巴西营商环境雷达图

如图 4-14 所示，巴西作为 2018 年双边合作指数综合评分最高的国家，中国与巴西各个领域合作的表现均十分出色。分模块看，中巴在金融合作（100）领域位于拉美国家第一位，在政治合作（99.37）、人文交流（97.99）、投资合作（92.18）和贸易合作（81.23）领域的合作也分别处于拉美国家第二、三位的水平。相对而言,中巴在"一带一路"与双边合作(83.35)领域可进一步开展合作,中巴双方可从签订共建"一带一路"合作文件作为促进双边在"一带一路"领域合作的突破口。

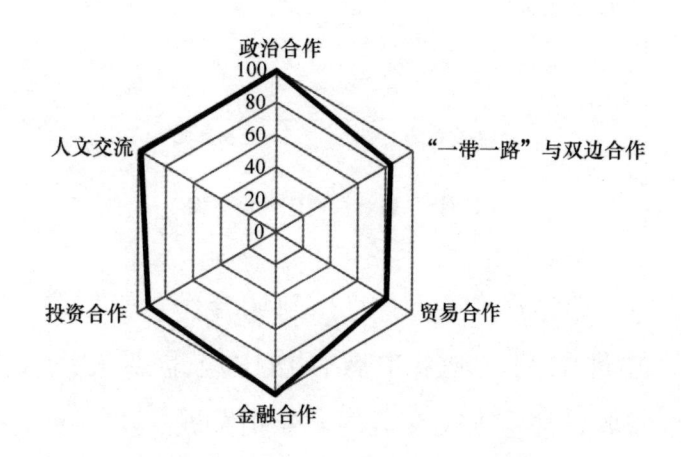

图4-14 中国与巴西双边合作雷达图

(八) 智利

如图4-15所示,2017年智利在政治环境(68.28)模块表现最为突出,在宏观经济环境(47.12)和社会环境(41.64)模块也有较好的表现,贸易环境(36.61)和投融资环境(36.61)模块得分也接近40。智利在基础设施环境(22.50)和创新环境(14.62)模块表现相对落后,未来智利可将改善基础设施环境和创新环境两个方面作为改善智利营商环境的重要着力点。

如图4-16所示,2018年智利与中国在"一带一路"与双边合作(100)领域位于拉美首位。中智两国在政治合作(93.38)领域也有较好的合作,在贸易合作(80.33)、投资合

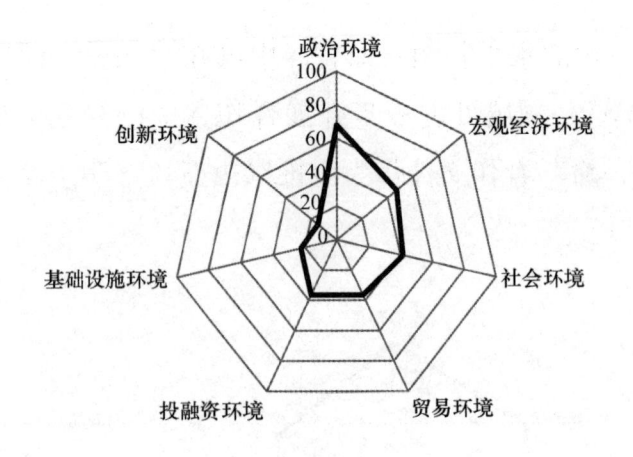

图 4–15　智利营商环境雷达图

作（76.71）、金融合作（69.97）领域合作水平较高，但也存在一定的改进空间。未来中智合作中应重点关注人文交流（16.28）领域，注重人文交流的多样化发展。

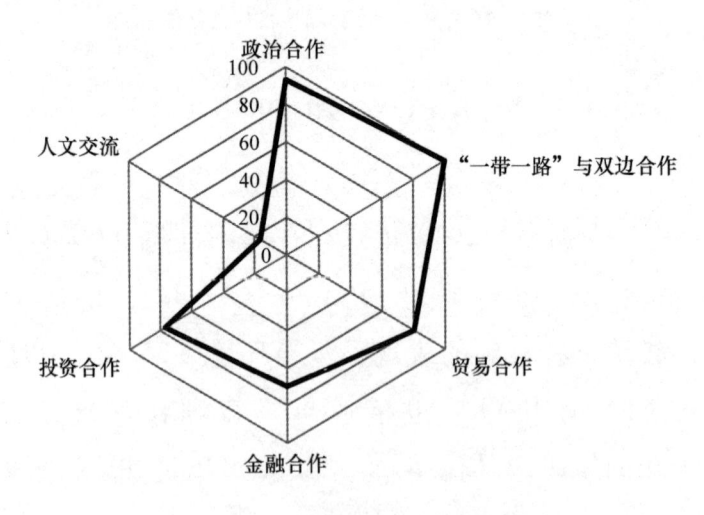

图 4–16　中国与智利双边合作雷达图

（九）哥伦比亚

如图 4–17 所示，2017 年哥伦比亚在贸易环境（26.95）、投融资环境（26.95）、社会环境（24.52）方面表现较为突出，在拉美国家处于上游水平，虽然在政治环境（68.71）模块和宏观经济（37.44）模块得分高于其他模块，但哥伦比亚政治和宏观经济环境在拉美国家排名要低于以上三个模块，而在基础设施环境（22.89）、创新环境（20.24）模块表现则相对薄弱，与其他模块相比，基础设施环境模块在拉美国家中排名最低，未来哥伦比亚可以将提高基础设施环境作为主要方向。

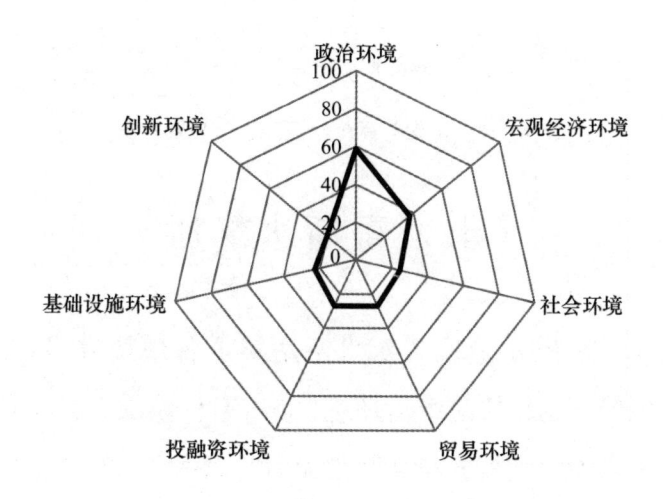

图4-17 哥伦比亚营商环境雷达图

如图4-18所示，2018年中国与哥伦比亚在政治合作（62.56）领域较为深入，中哥双边在贸易合作（34.81）和"一带一路"与双边合作（34.81）方面也有较好的表现。中哥人文交流水平虽在33个拉美国家中处于中上水平，但总体分数还有较大提升空间。然而，中哥双边在金融和投资两个领域严重滞后于其他几个领域的合作水平，未来亟待在这两个领域内开展合作。

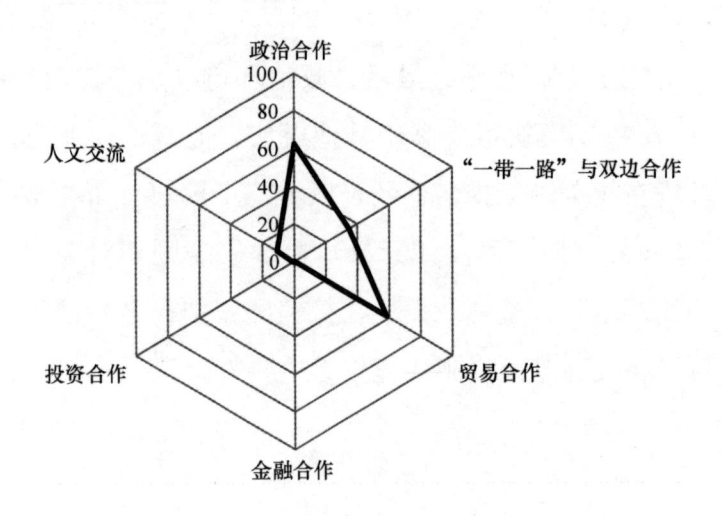

图 4-18 中国与哥伦比亚双边合作雷达图

（十）哥斯达黎加

如图 4-19 所示，2017 年哥斯达黎加各模块发展差异较大，其中，表现最好的模块是政治环境（64.50）模块，且在拉美国家政治环境排名中位列第五位，其次是社会环境（23.45）模块，也位于拉美国家上游水平，在宏观经济环境（33.52）和创新环境（21.50）模块也有一定的表现，但基础设施环境、贸易环境和投融资环境则相对落后，未来哥斯达黎加可在以上三个方面进一步改进，从而提升国家营商环境整体竞争力。

如图 4-20 所示，2018 年中国与哥斯达黎加的双边合作发展较不均衡，贸易合作（88.61）领域得分较高，说明中哥双边贸易合作占哥斯达黎加经济重要地位，双边在政治合作（33.48）和"一带一路"与双边合作（32.79）领域也存在一定程度的合作，然而人文交流（4.99）、投资合作（0.61）及金融合作（0.17）领域的开展仅刚刚起步，需要大力加强。

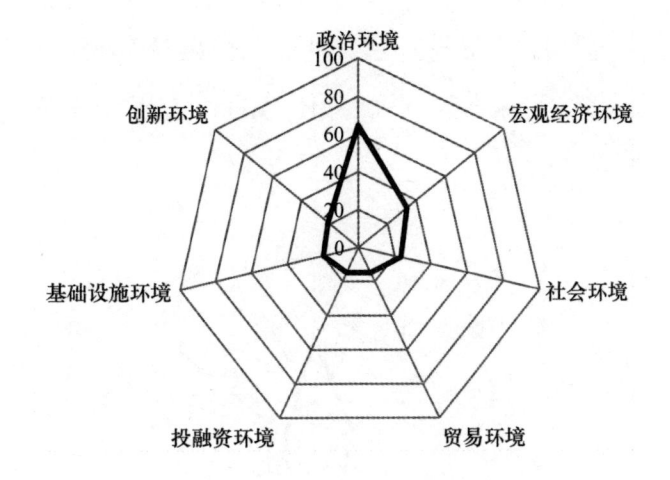

图 4-19 哥斯达黎加营商环境雷达图

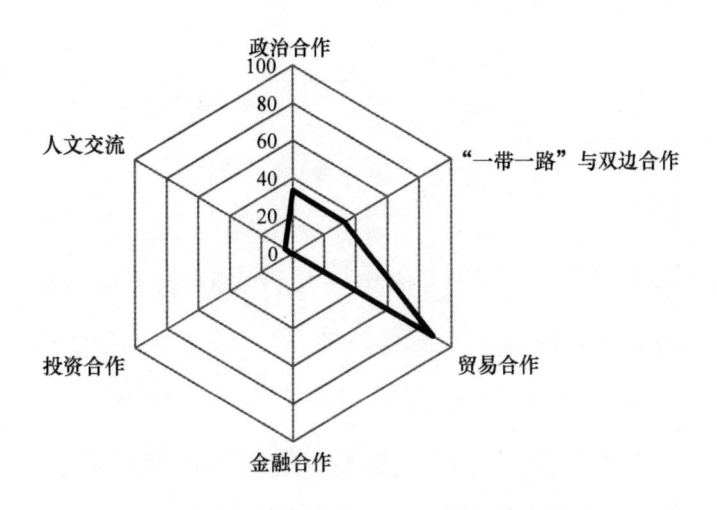

图 4-20 中国与哥斯达黎加双边合作雷达图

（十一）古巴

如图 4-21 所示，2017 年古巴各模块存在较大的差异，表现最好的模块是政治环境（64.46）模块，其次是创新环境（26.43）模块，排序均位于拉美国家上游水平，在基础设施环境（17.53）和社会环境（16.06）模块也有一定的表现，而古巴在宏观经济环境、贸易环境（0）和投融资环境（0）模块表现在拉美国家处于末位水平，总体来看，古巴未来应在以上领域有所作为。

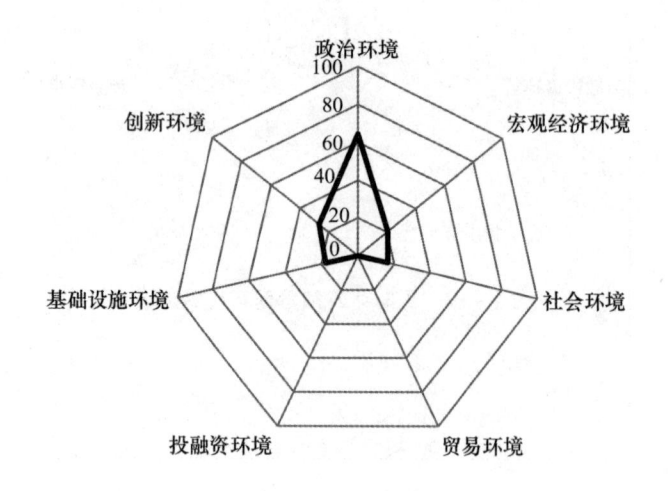

图4-21 古巴营商环境雷达图

如图4-22所示，2017年中国与古巴政治（86.63）领域合作紧密，在拉美国家处于前列水平。中古双边在投资合作（66.29）领域也有较好的表现，中古"一带一路"与双边合作（35.34）、人文交流（6.13）水平虽然指数评分较低，但与其他拉美国家横向对比位于前列，中古在贸易合作（38.96）、金融合作（0.10）领域需加强合作，尤其在金融方面合作亟须加强。

（十二）多米尼克

如图4-23所示，2017年多米尼克表现最好的模块是社会环境（26.79）和创新环境（33.28）模块，在拉美国家位于上游。在政治环境（63.41）和宏观经济环境（42.68）模块也有

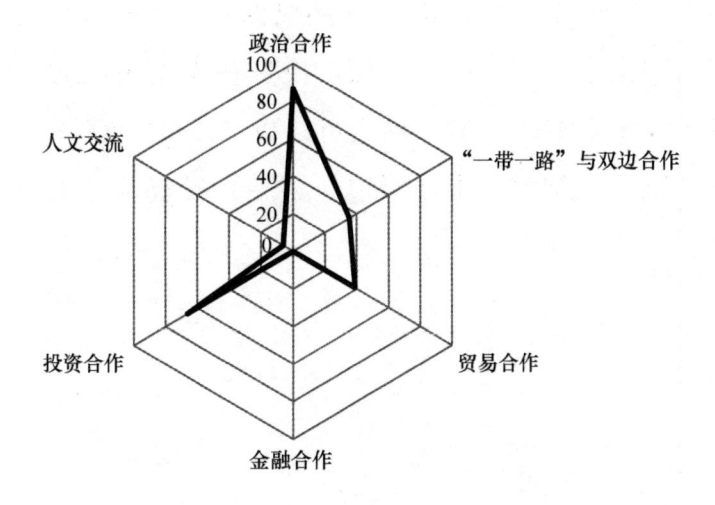

图 4-22　中国与古巴双边合作雷达图

相对较好的表现，相比较而言，未来多米尼克可在基础设施环境（30.13）、贸易环境（22.27）、投融资环境（22.27）方面做出一定的提高。

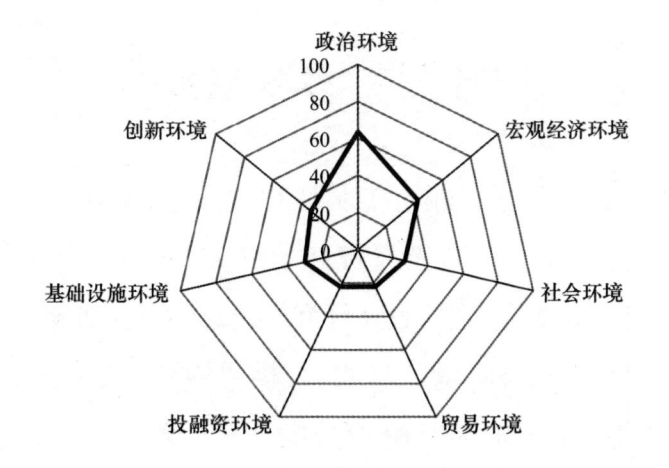

图 4-23　多米尼克营商环境雷达图

如图 4-24 所示，2018 年中国与多米尼克双边合作较好的模块为"一带一路"与双边合作（33.13）和贸易合作

(46.81），在政治合作（10.58）模块也有一定的进展，但整体处于拉美国家中下游水平。金融、投资和人文领域的交流合作并未开展，未来中国与多米尼克可以以"一带一路"合作为切入点，扩宽合作领域，带动双边在金融、投资、人文的合作交流活动。

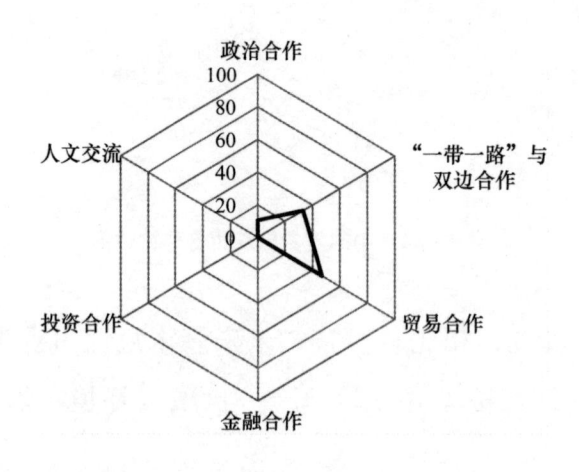

图4-24 中国与多米尼克双边合作雷达图

（十三）多米尼加

如图4-25所示，相对于其他拉美国家，2017年多米尼加在贸易环境（25.46）、投融资环境（25.46）模块表现最好，在创新环境（25.29）、社会环境（22.99）、基础设施环境（28.64）、宏观经济环境（35.91）模块均有一定的表现，虽然从得分来看，多米尼加在政治环境（43.99）得分最高，但政治环境排名与其他拉美国家仍存在一定的差距，因此，未来多米尼加应将改善政治环境作为提高营商水平的重点领域。

如图4-26所示，2018年中国与多米尼加的双边合作仅在贸易合作（58.45）领域表现较为突出，说明双边贸易在多米

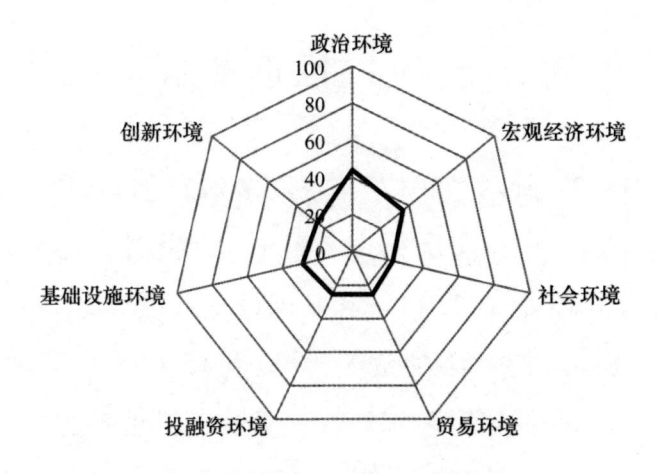

图 4-25 多米尼加营商环境雷达图

尼加经济中占据重要地位,且在33个国家中处于上游水平。相对而言,双边在"一带一路"与双边合作(33.14)层面也有较好的表现,然而在政治合作(8.06)、人文交流(3.27)、金融合作(0.26)领域存在较大提升空间,双边在投资领域合作处于拉美国家末位水平,亟须开展合作。

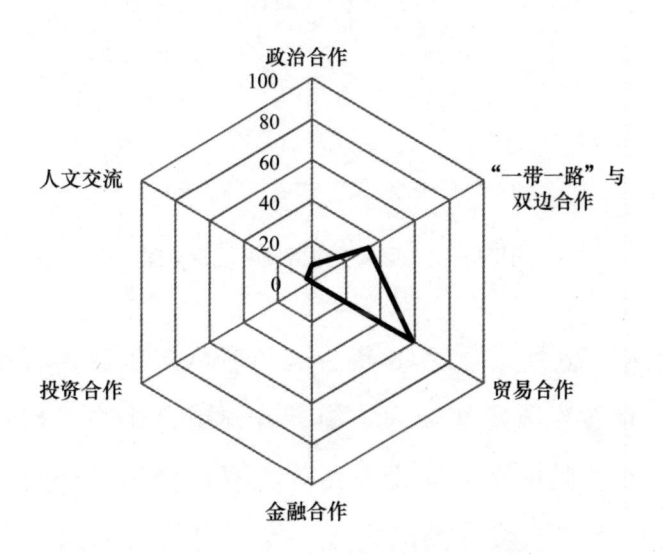

图 4-26 中国与多米尼加双边合作雷达图

（十四）厄瓜多尔

如图 4-27 所示，2017 年厄瓜多尔在创新环境（27.14）表现最为突出，在拉美国家排名第十位。此外，相对而言，厄瓜多尔在社会环境（21.42）和基础设施环境（23.96）处于拉美国家中游水平，但在贸易环境（15.06）、投融资环境（15.96）、宏观经济环境（25.20）表现与其他拉美国家存在一定的差距，虽然政治环境模块（45.93）得分最高，但与其他国家相比，厄瓜多尔政治环境处于下游，因此，未来厄瓜多尔可将政治环境作为改善本国营商环境的主攻方向。

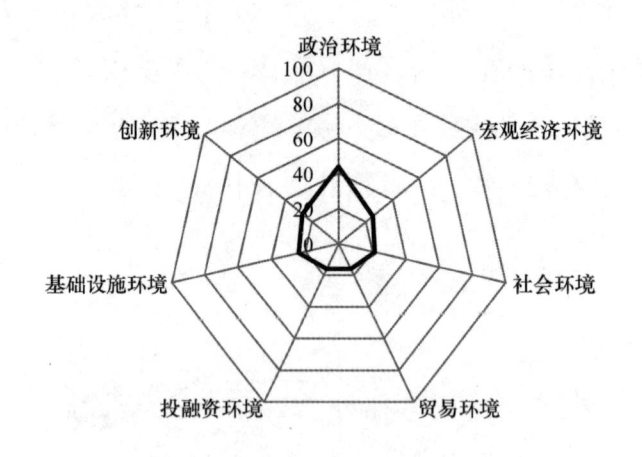

图 4-27　厄瓜多尔营商环境雷达图

如图 4-28 所示，2018 年中国与厄瓜多尔双边合作整体水平较高，且各领域发展较为均衡，各领域合作均在拉美国家处于上游水平。其中在"一带一路"与双边合作（86.55）、政治合作（84.25）领域有突出表现，投资合作（58.84）、贸易合作（50.98）方面有较好进展，人文交流（10.14）、金融合作

（7.98）虽然得分较其他模块存在较大差距，但模块排名仍处于拉美国家前列，未来中国与厄瓜多尔可在贸易合作、人文交流、金融合作层面进一步提升双边合作水平。

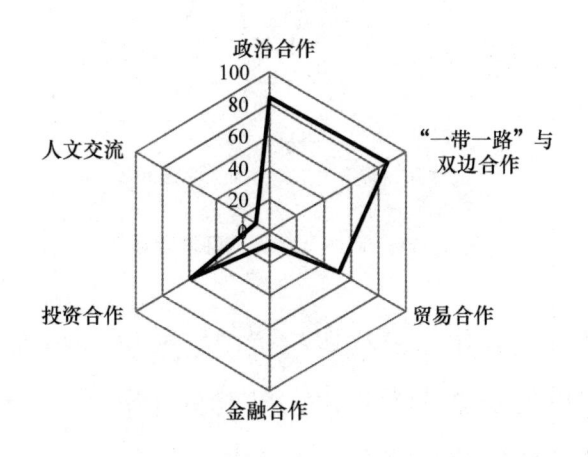

图 4-28　中国与厄瓜多尔双边合作雷达图

（十五）萨尔瓦多

如图 4-29 所示，2017 年萨尔瓦多各模块表现在拉美国家排序较为均衡，相对于其他模块，萨尔瓦多在社会环境（20.15）和创新环境（19.02）模块排名最为靠前，但在拉美国家处于中游水平，萨尔瓦多在基础设施环境（13.29）模块表现最为薄弱，在拉美国家处于中下游水平，因此，未来萨尔瓦多可将提升基础设施环境作为重要着力点。

如图 4-30 所示，2017 年中国与萨尔瓦多的整体合作水平不高，除了在贸易合作（53.75）领域在拉美国家处于上游水平，在其他五个领域的合作均较为薄弱。中萨双边在"一带一路"与双边合作（32.79）、政治合作（8.06）、人文交流（3.27）领域存在较大的提升空间，此外，中国与萨尔瓦多在

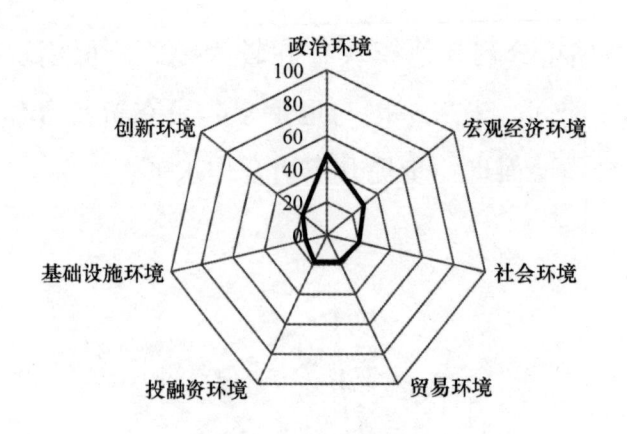

图 4-29　萨尔瓦多营商环境雷达图

金融、投资领域合作水平均居拉美国家末位。未来，中国与萨尔瓦多可以以贸易合作为契机，以贸易合作之点，带动中萨在各领域整体合作之面，促进中萨双边合作的深入开展。

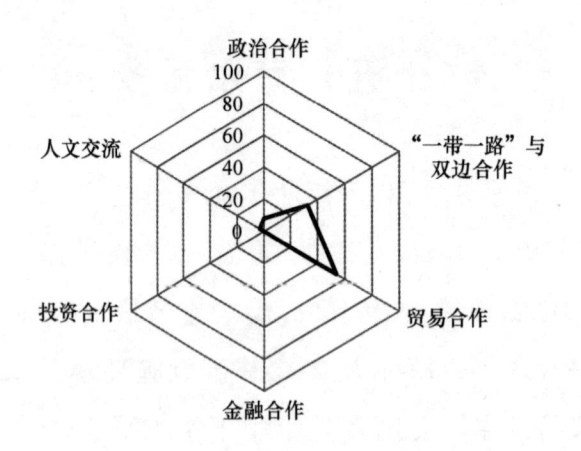

图 4-30　中国与萨尔瓦多双边合作雷达图

（十六）格林纳达

如图 4-31 所示，2017 年格林纳达在宏观经济环境（50.67）模块表现最为突出，此外，在创新环境（35.47）、社会环境（25.64）、贸易环境（31.24）、投融资环境（31.24）模块也有较为不错的表现，在拉美国家排名位于上游水平，虽然政治环境（52.05）得分高于其他模块，但从排名上来说，政治模块与其他模块相比在拉美国家排名最为靠后，因此，未来格林纳达可在提升政治环境方面有所作为。

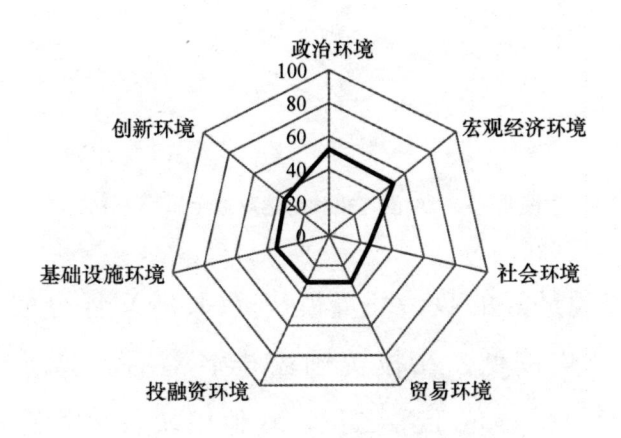

图4-31 格林纳达营商环境雷达图

如图4-32所示，2018年中国与格林纳达在贸易领域合作（48.23）体现了一定的优势，在"一带一路"与双边合作（32.80）中也取得了一定的进展，但双边在政治合作（11.21）、人文交流（0.57）领域合作需要大力加强。此外，双边在投资、金融领域的合作均处于拉美国家末位水平，未来亟须寻找突破口，积极扩展在这两个领域内的合作，从而实现双边合作的均衡发展。

（十七）危地马拉

如图4-33所示，2017年危地马拉在各模块表现存在较大

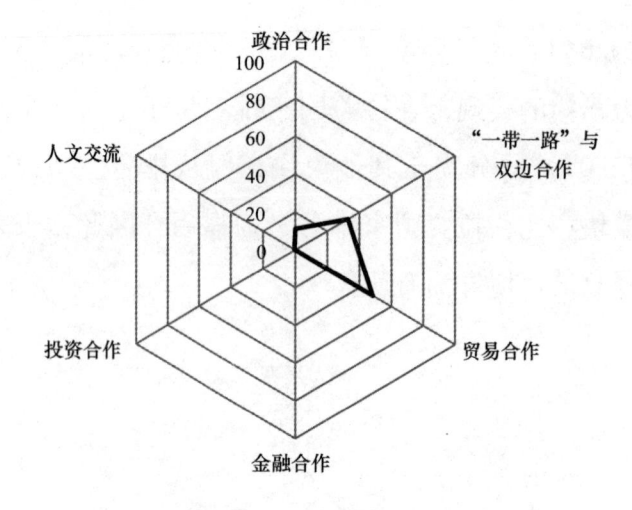

图 4-32 中国与格林纳达双边合作雷达图

差异，除表现最好的政治环境模块（61.69）评分较高外，其他模块得分均较低，在拉美国家排名落后。宏观经济环境（15.34）模块得分位于第二位，其他模块得分均在10以下，因此，未来危地马拉在投融资环境（7.59）、贸易环境（7.59）、基础设施环境（3.15）、社会环境（0.00）、创新环境（0.00）模块均存在较大的提升空间，尤其社会环境和创新环境模块均在拉美国家位于末位水平，亟待提高。

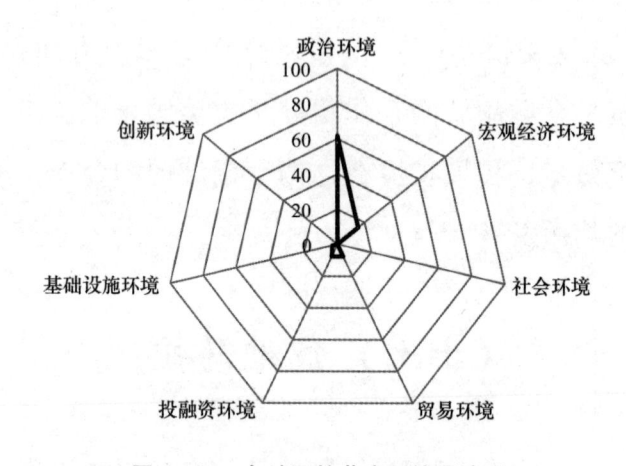

图 4-33 危地马拉营商环境雷达图

如图 4-34 所示，2018 年中国与危地马拉仅在贸易合作（49.18）体现了一定的优势。但中危双边在其他五个领域的合作均在拉美处于末位水平，未来，中国与危地马拉可以以贸易合作为突破口，以贸易合作带动双边在其他领域的合作。

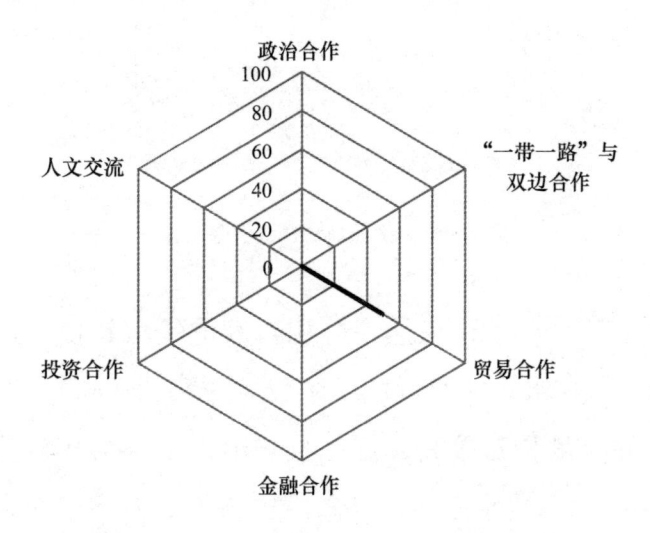

图 4-34 中国与危地马拉双边合作雷达图

（十八）圭亚那

如图 4-35 所示，综合得分与在拉美国家排名，2017 年圭亚那表现最好的模块是政治环境模块（54.52），其次是贸易环境（16.32）和投融资环境（16.32）模块，再次是宏观经济环境（24.73）模块。圭亚那在创新环境（9.52）、基础设施环境（7.98）、社会环境（7.92）模块表现相对落后，未来存在较大的提升空间。

如图 4-36 所示，2018 年中国与圭亚那双边合作发展相对均衡，整体上中圭两国以政治合作（47.75）、投资合作（34.69）、"一带一路"与双边合作（34.17）三个领域为支

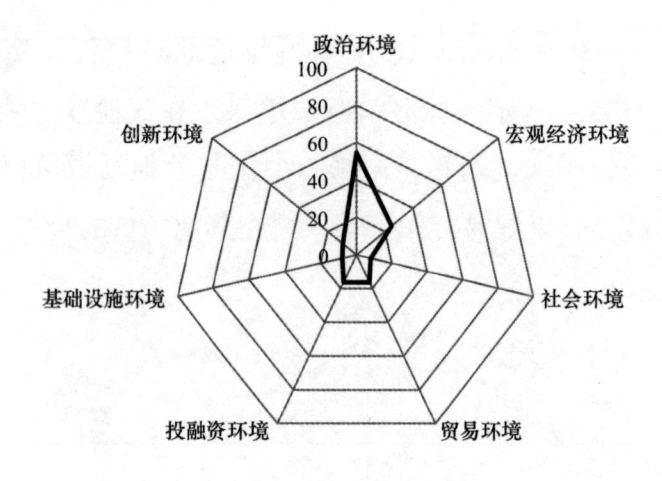

图 4-35　圭亚那营商环境雷达图

撑。人文交流（4.41）虽然评分相对其他领域较低，但在拉美国家位于上游水平，不过仍有较大提升空间。贸易合作（29.72）评分虽相对较高，但在拉美国家中排名相对落后，位于拉美33国中倒数水平。此外，中国与圭亚那在金融合作方面较为薄弱，在保证中圭在优势领域合作的前提下，金融合作是未来提升中圭合作水平的主攻方向。

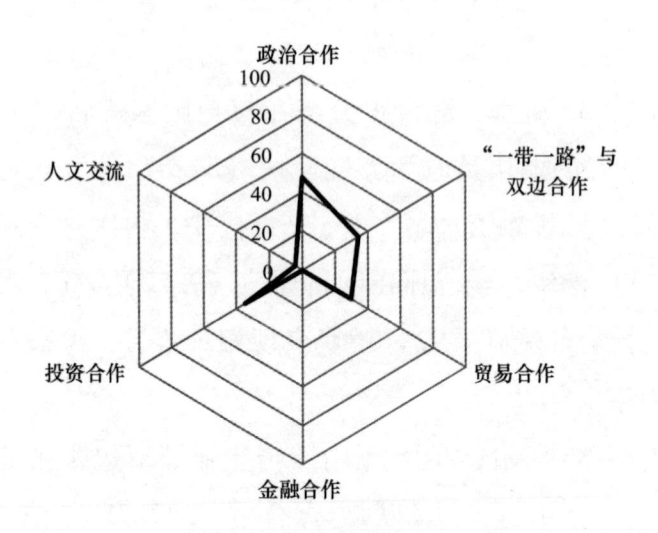

图 4-36　中国与圭亚那双边合作雷达图

（十九）海地

如图 4-37 所示，2017 年，海地营商环境各模块均在拉美国家处于中下游水平。其中，表现最好的是创新环境（22.48）模块，其次是贸易环境（18.64）和投融资环境（18.64）模块。在政治环境（47.94）、基础设施环境（13.44）、社会环境（10.27）模块表现相对薄弱，未来可作为提升海地营商环境的主攻方向。

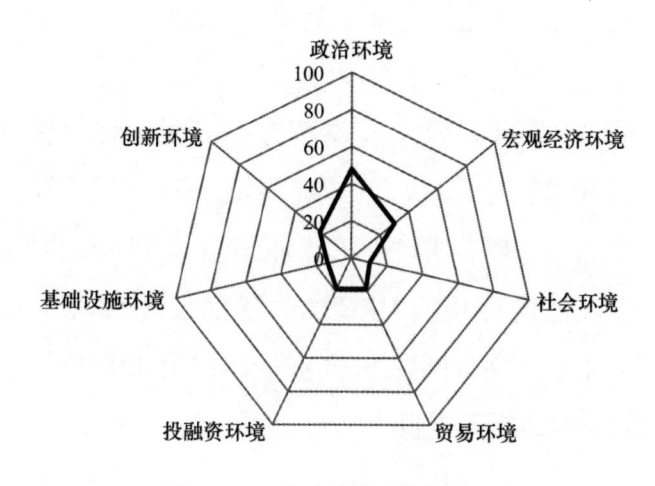

图 4-37 海地营商环境雷达图

如图 4-38 所示，2018 年中国与海地在各模块合作得分均不高，各领域合作水平均处于拉美国家下游，海地与中国各方面合作均存在较大的提升空间。在所有模块中，双边贸易合作优势相对明显，这一模块得分最高（32.46），而其他五个领域的得分几乎均为 0，均处于拉美国家末位水平。因此，未来中国与海地应以经贸合作为切入点，以经济合作促进政治、人文等领域的发展。

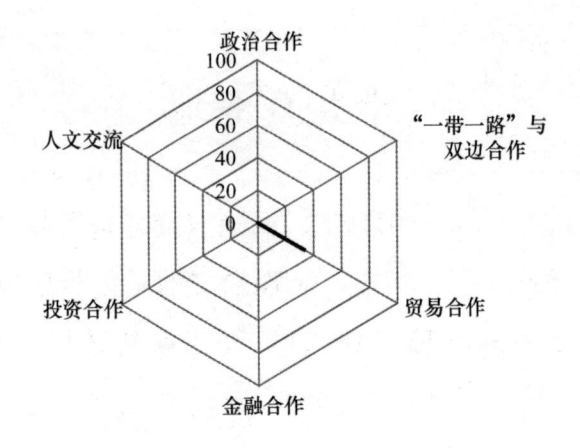

图4-38 中国与海地双边合作雷达图

（二十）洪都拉斯

如图4-39所示，2017年洪都拉斯表现最好的模块是政治环境模块（50.17），其次是创新环境（11.91）和社会环境（8.57）模块。洪都拉斯在贸易环境（8.83）、投融资环境（8.83）、宏观经济环境（19.29）、基础设施环境（4.28）几个模块排名均位于拉美国家末位水平，说明洪都拉斯在以上几个模块存在较大的提升空间。

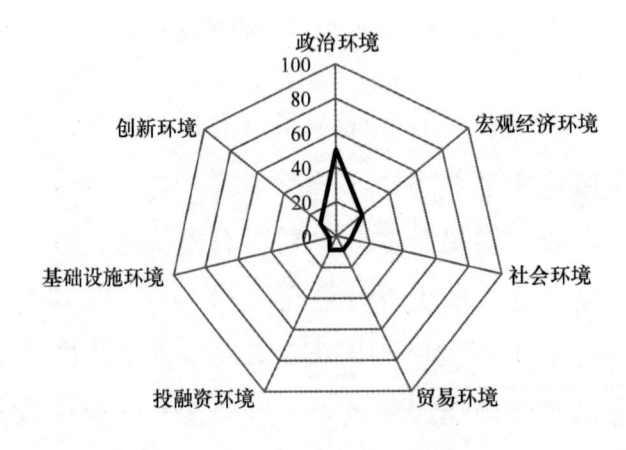

图4-39 洪都拉斯营商环境雷达图

如图 4-40 所示，2018 年中国与洪都拉斯的双边合作也较为薄弱，整体上，中洪两国贸易合作在洪都拉斯经济中占据较为明显的优势，表现为贸易合作（53.77）得分相对突出，在拉美国家排名位于上游。而在其他领域合作均处于拉美国家下游，"一带一路"与双边合作（1.25）有些许进展。但在政治合作、金融合作、投资合作、人文交流领域均处于拉美国家末位水平。

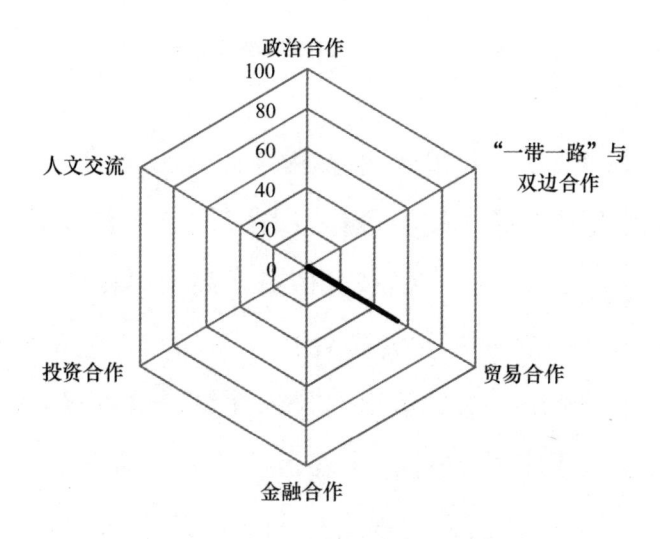

图 4-40 中国与洪都拉斯双边合作雷达图

（二十一）牙买加

如图 4-41 所示，2017 年牙买加表现最好的两个模块分别是政治环境（64.12）和宏观经济环境（36.15）。牙买加其他模块得分相对平均，得分由高到低分别为社会环境（18.65）、投融资环境（18.49）、贸易环境（18.49）、创新环境（18.37）和基础设施环境（16.50）模块，牙买加在提升整体营商环境的基础上，可在以上领域重点突破。

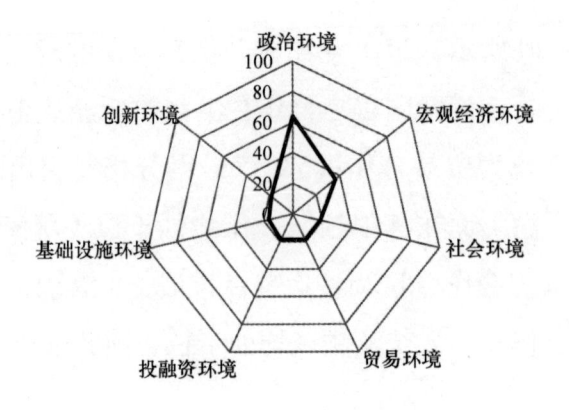

图 4-41 牙买加营商环境雷达图

如图 4-42 所示，2018 年投资合作（71.61）是中牙两国双边合作的重要支撑。政治合作（19.58）、人文交流（4.41）和金融合作（0.93）三个领域分值虽不高，但在拉美国家整体排名中尚处于中游水平。贸易合作（31.65）虽然得分不低，但是中牙贸易合作并未显示出明显的优势，双边贸易合作水平在拉美国家处于下游位置。此外，"一带一路"与双边合作（1.86）水平也存在较大的提升空间。因此未来中牙两国合作可以将以上两个领域作为重要着力点。

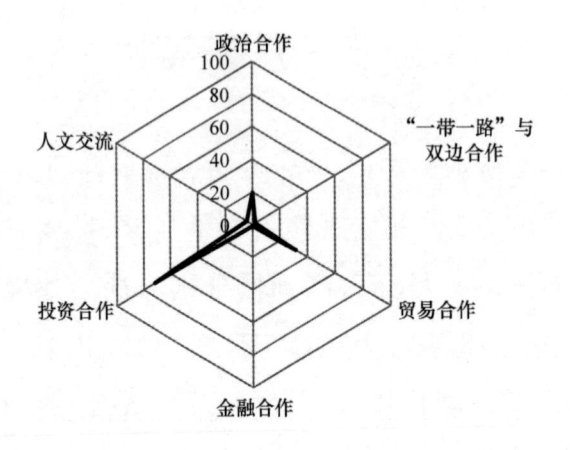

图 4-42 中国与牙买加双边合作雷达图

(二十二) 墨西哥

如图 4-43 所示，2017 年墨西哥大部分营商环境模块均表现较好，宏观经济环境（100）、社会环境（100）、贸易环境（100）、投融资环境（100）、基础设施环境（100）、创新环境（100）模块均位于拉美国家首位，是在以上几个模块中表现最好的拉美国家。相对于其他模块，墨西哥政治环境（42.36）模块表现最为薄弱，存在一定的提升空间。

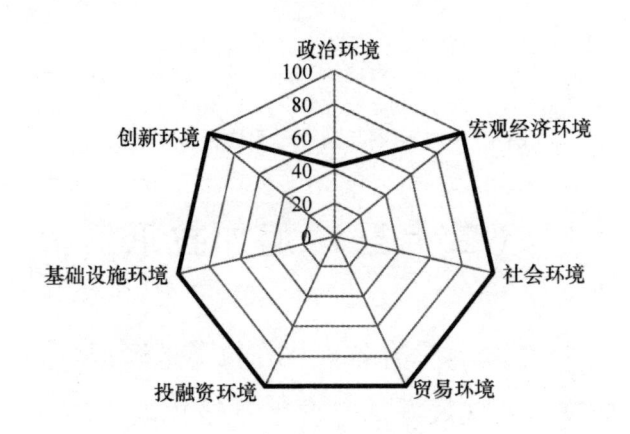

图 4-43 墨西哥营商环境雷达图

如图 4-44 所示，2018 年中国与墨西哥双边合作水平较高。其中，贸易合作（100）和人文交流（100）两个领域的合作表现尤其突出，说明中墨两国贸易合作在墨西哥经济发展中占据较为重要的地位，双边开展文化交流的形势更加丰富多元。此外，中墨两国在政治合作（87.71）、投资合作（53.08）领域也有较为深入的合作。金融合作（12.10）分值不高，但在拉美国家整体排名较为靠前，然而比较而言，"一带一路"与双边合作（7.39）的发展与其他几个模块的合作水平不太相符,是中墨合作中排名最靠后的模块。未来中墨两国可以在该领域内加强合作。

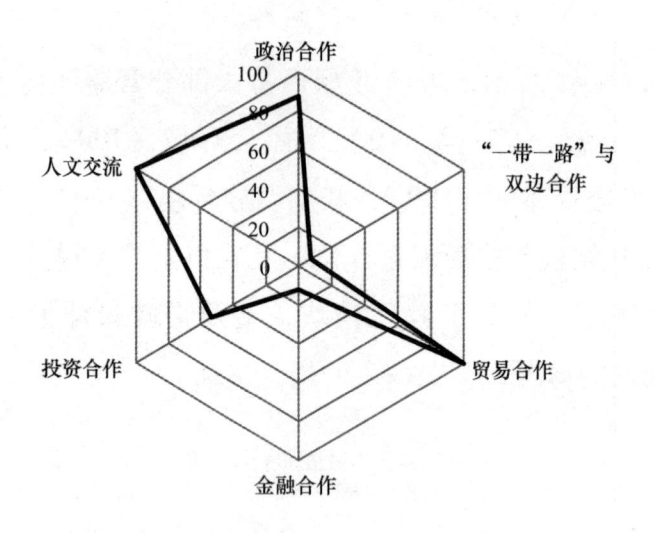

图 4-44 中国与墨西哥双边合作雷达图

(二十三)尼加拉瓜

如图 4-45 所示,综合各模块在拉美地区排名和得分来看,2017 年尼加拉瓜表现最好的是政治环境模块(57.49),此外,尼加拉瓜在社会环境(17.60)、宏观经济环境(25.87)、创新环境(16.09)模块存在一定的表现,在贸易环境(12.39)、投融资环境(12.39)、基础设施环境(0.00)模块则较为薄弱,其中,基础设施环境模块处于拉美末位水平,该国未来应在基础设施环境上大力提高。

如图 4-46 所示,2018 年,中国与尼加拉瓜整体合作较为落后,各模块得分存在严重的不平衡问题,比较而言,中国与尼加拉瓜合作水平在贸易合作(44.25)领域表现最好,在拉美国家处于中游水平,而其他五个领域合作均在拉美国家处于末位水平。

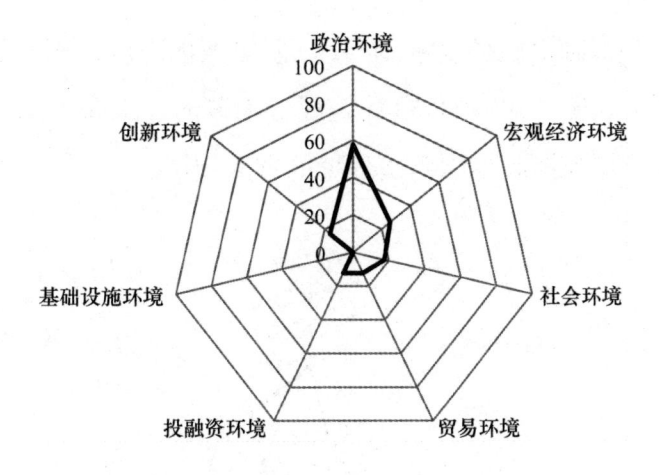

图 4-45　尼加拉瓜营商环境雷达图

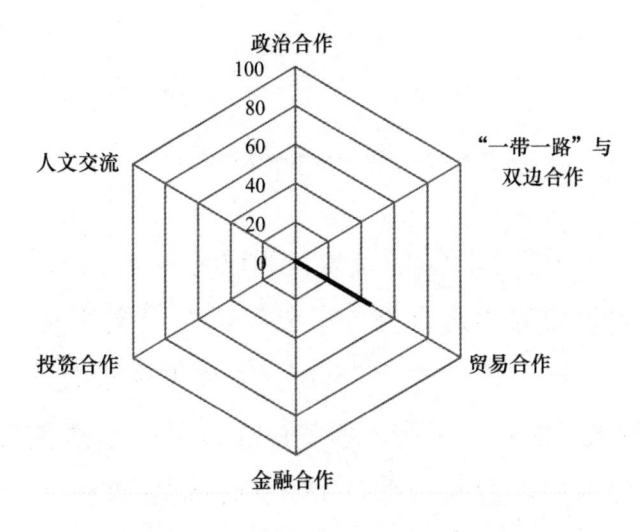

图 4-46　中国与尼加拉瓜双边合作雷达图

（二十四）巴拿马

如图 4-47 所示，综合各模块在拉美国家排名及得分，2017 年巴拿马在贸易环境（31.96）和投融资环境（31.96）模块表现最好，在拉美国家排名中位列第 6 位，在宏观经济环境（43.52）和社会环境（25.11）模块也有较好的表现。巴拿马在政治环境

（53.87）和基础设施环境（25.51）模块表现尚可，相对而言，巴拿马在创新环境（14.40）模块表现最为薄弱，未来巴拿马应将改善创新环境作为提高本国营商环境的重点领域。

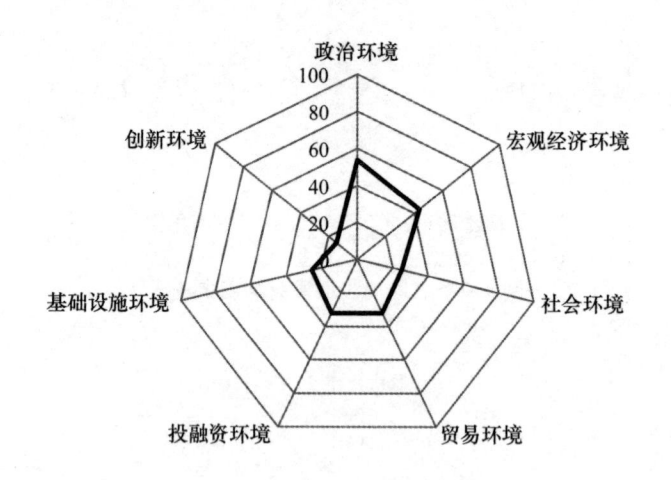

图 4-47 巴拿马营商环境雷达图

如图 4-48 所示，总的来说，2018 年中国与巴拿马较为均衡地开展各领域的双边合作。中巴双边在人文交流（36.50）、"一带一路"与双边合作（35.8）领域表现最佳，金融合作（5.83）领域虽然得分不高，但整体在拉美国家排名处于上游。此外，中巴双边在政治合作（45.86）、贸易合作（48.02）以及投资合作（20.31）虽然得分不低，但排名不如人文交流、金融合作、"一带一路"与双边合作领域靠前，排名位于拉美国家中游。在保证现有合作水平的基础上，未来中巴可在政治、贸易、投资领域深入合作。

（二十五）巴拉圭

如图 4-49 所示，2017 年巴拉圭各模块排名均位于拉美国家

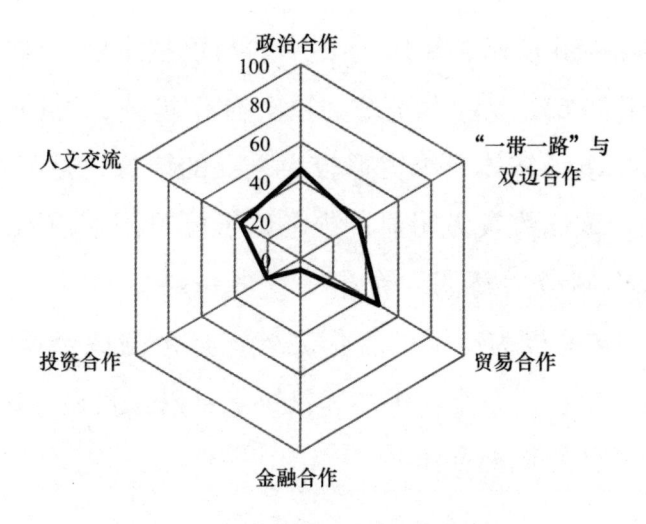

图 4-48　中国与巴拿马双边合作雷达图

20名之后，其中，表现最好的模块是创新环境（17.36）模块，在拉美国家排名第21位。其次是依次是政治环境（47.98）、基础设施环境（15.19）、社会环境（9.38）模块，在宏观经济环境（24.44）、贸易环境（9.51）、投融资环境（9.51）模块表现则相对薄弱，巴拉圭在以上领域存在一定的提升空间。

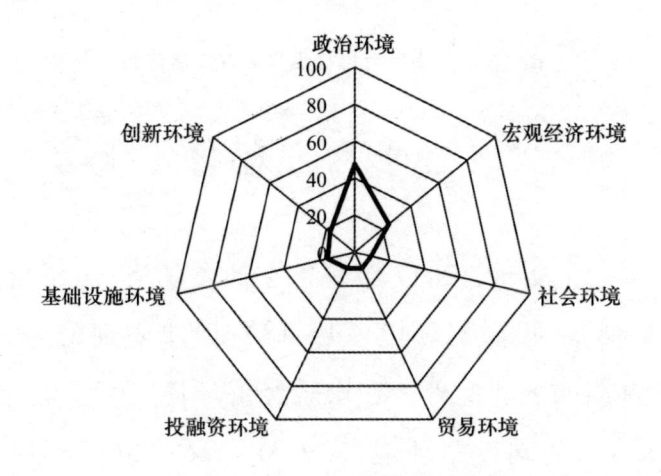

图 4-49　巴拉圭营商环境雷达图

如图4-50所示，2018年，中国与巴拉圭的合作结构也是以贸易合作（65.56）为支撑的单一合作模式，说明中巴贸易合作在巴拉圭经济体系中占据较为重要的地位，且与拉美其他国家相比，该优势较为明显，排名位于拉美国家前列。但在其他领域合作则极为薄弱，除在"一带一路"与双边经济合作（0.04）领域有极为有限的合作之外，其余领域合作水平均位于拉美国家末位。未来，中国和巴拉圭可以在贸易合作基础上，深入开展其他领域的合作。

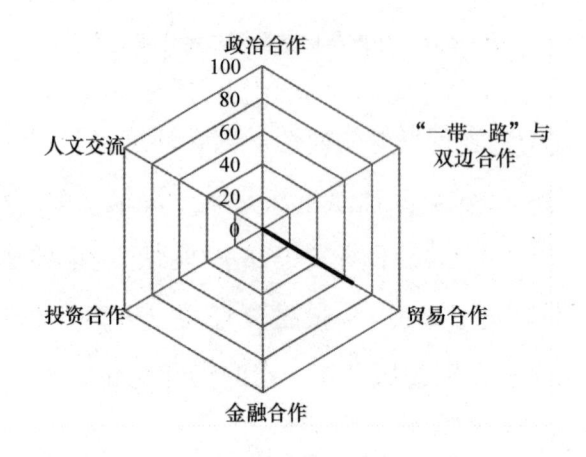

图4-50 中国与巴拉圭双边合作雷达图

（二十六）秘鲁

如图4-51所示，2017年秘鲁在社会环境（45.22）、贸易环境（44.18）、投融资环境（44.18）模块表现最为突出，位列拉美国家第四名，此外，在宏观经济环境（47.70）、创新环境（31.83）、基础设施环境（29.31）环境也有较好的表现，相对而言，秘鲁可通过缩小政治环境（40.82）模块与其他国家的差距，从而进一步提升本国整体营商环境水平。

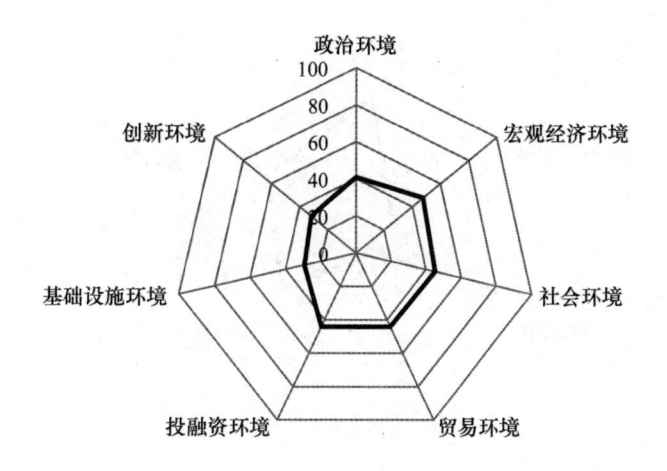

图 4-51 秘鲁营商环境雷达图

如图 4-52 所示,2018 年,中国与秘鲁双边合作整体水平较高,其中,在政治合作(81.10)、"一带一路"与双边合作(71.43)、贸易合作(60.65)领域的合作最为深入,人文交流(15.36)和金融合作(5.85)领域得分虽然与其他领域相比较低,但在拉美国家仍处于上游,造成这种现状的原因说明拉美各国与中国在人文交流、金融领域合作存在较大的提升空间。相对来说,投资合作(39.22)是双边合作中排名最靠后的模块,不过投资合作表现仍然位于所有国家中的第十二位。

(二十七)圣基茨和尼维斯

如图 4-53 所示,综合来看,2017 年圣基茨和尼维斯在基础设施环境(42.54)表现最为突出,在政治环境(57.37)和宏观经济环境(31.51)模块也有较好的表现,相对而言,圣基茨和尼维斯在贸易环境(16.67)、投融资环境(16.67)、创新环境(11.05)、社会环境(9.22)模块稍显薄弱,其中,在

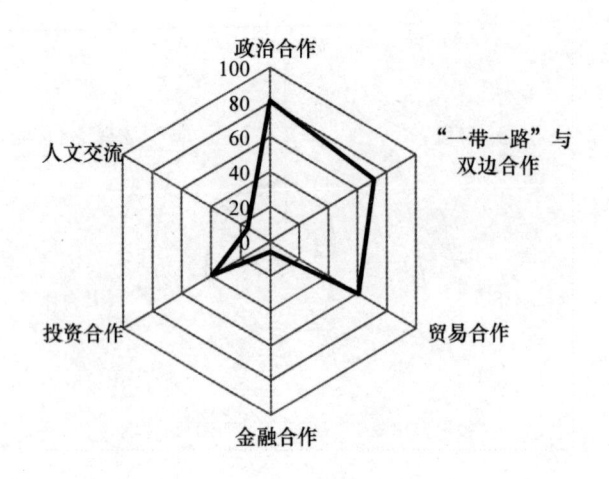

图 4-52　中国与秘鲁双边合作雷达图

创新环境排名与其他国家差距最大，未来应将以上领域作为提高本国营商环境的重要方向。

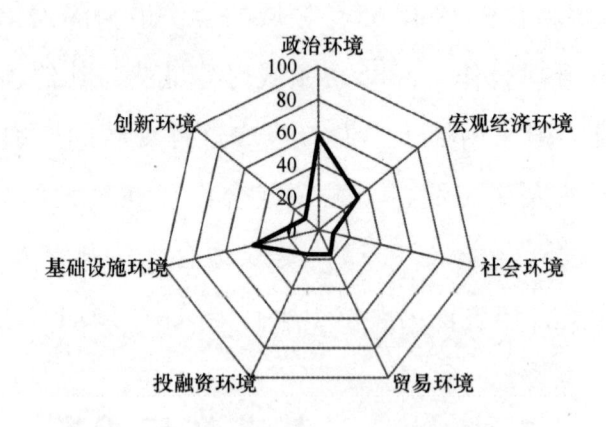

图 4-53　圣基茨和尼维斯营商环境雷达图

如图 4-54 所示，2018 年，中国与圣基茨和尼维斯双边合作主要体现在贸易合作（42.77）方面，说明中国与圣基茨和尼维斯贸易合作对圣基茨和尼维斯经济体系具有重要的作用，投资合作（0.17）开始起步，其他四个领域的合作尚未开展。

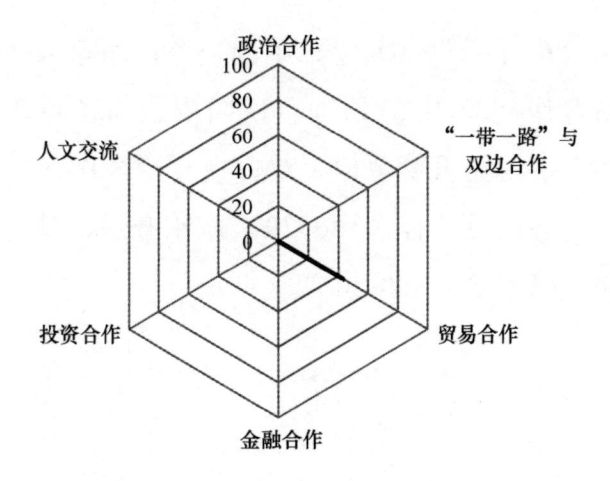

图 4-54 中国与圣基茨和尼维斯双边合作雷达图

（二十八）圣卢西亚

如图 4-55 所示，圣卢西亚在政治环境（68.70）中表现最为突出，在宏观经济环境（38.34）、基础设施环境（30.39）、贸易环境（19.49）、投融资环境（19.49）模块的表现也相对较好，总体上看，圣卢西亚在创新环境（9.66）和社会环境（7.45）模块存在一定的提升空间。

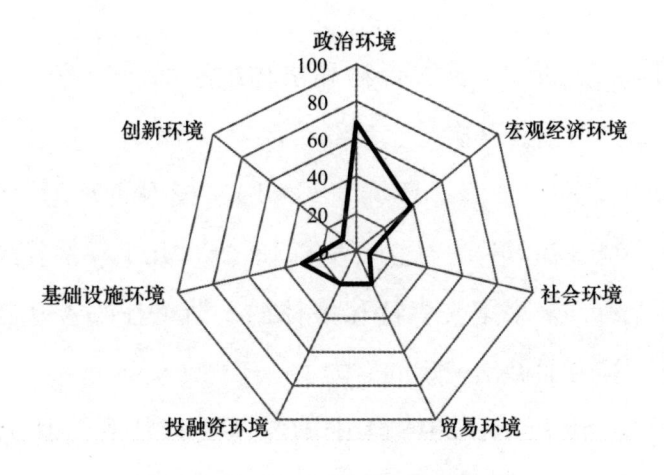

图 4-55 圣卢西亚营商环境雷达图

如图 4-56 所示，2018 年，中国与圣卢西亚双边合作主要体现在贸易合作（35.09）层面，说明中国与圣卢西亚在圣卢西亚经济体系中占据重要地位。双边在政治合作（3.47）领域存在一定的进展，投资合作（0.20）刚刚开展，其他三个领域合作均在拉美国家处于末位水平。

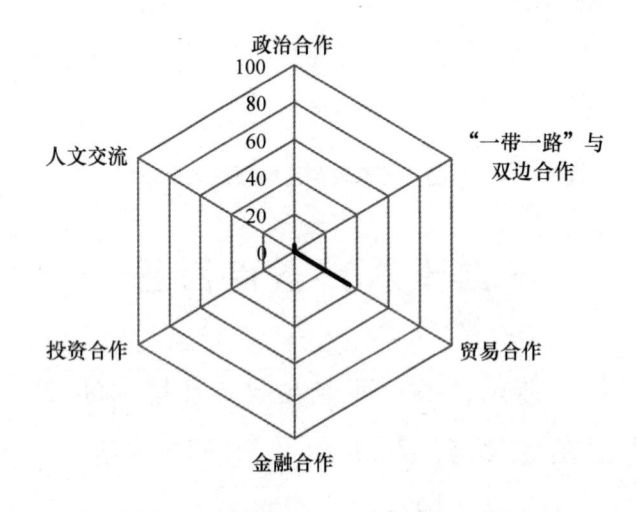

图 4-56　中国与圣卢西亚双边合作雷达图

（二十九）圣文森特和格林纳丁斯

如图 4-57 所示，圣文森特和格林纳丁斯政治环境（63.57）模块表现最为突出，其次是宏观经济环境（39.81）模块，该国在创新环境（23.70）、贸易环境（20.61）、投融资环境（20.61）、基础设施环境（26.14）、社会环境（18.49）几个模块发展较为均衡，总体上看，未来圣文森特和格林纳丁斯可在改善基础设施环境和社会环境方面做出一定的努力。

如图 4-58 所示，2018 年中国与圣文森特和格林纳丁斯双边合作与前文中圣基茨和尼维斯、圣卢西亚等类似，也是以贸

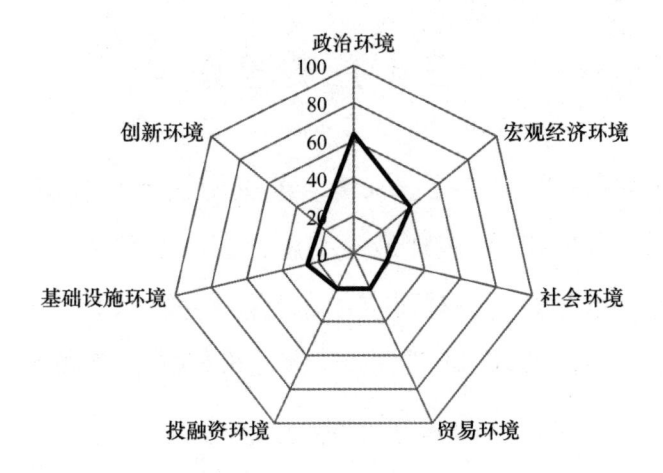

图4-57 圣文森特和格林纳丁斯营商环境雷达图

易（22.43）合作为支撑开展的，同样，中国与以上国家的贸易合作对于该国的经济而言是十分重要的。在投资领域（0.20）存在些许合作，然而，中国与圣文森特和格林纳丁斯在其他几个领域内合作水平均处于拉美国家末位水平。

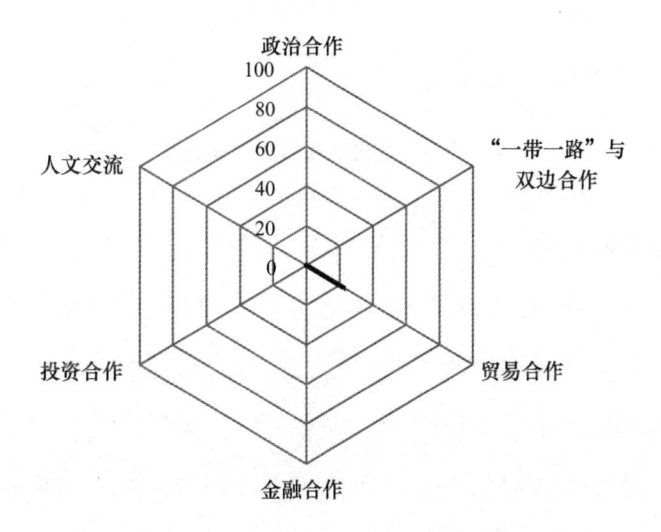

图4-58 中国与圣文森特和格林纳丁斯双边合作雷达图

（三十）苏里南

如图4-59所示，综合来看，苏里南在社会环境（19.37）和创新环境（20.01）表现最为突出，在政治环境（51.62）模块也有较好的表现。相对而言，在贸易环境（12.73）、投融资环境（12.73）和基础设施环境（8.83）、宏观经济环境（23.58）则存在一定的提升空间。

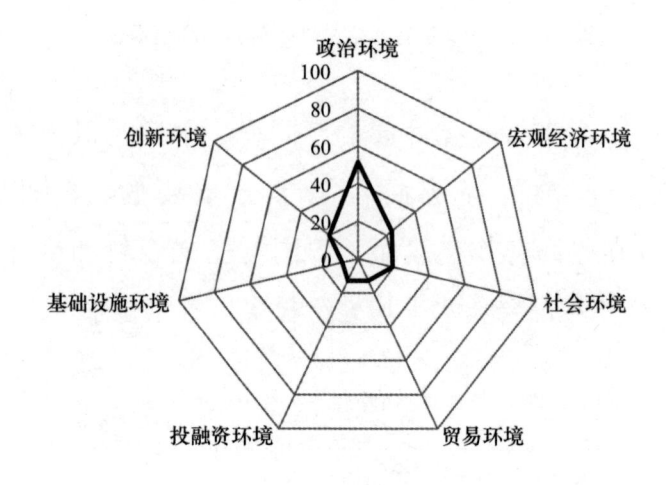

图4-59 苏里南营商环境雷达图

如图4-60所示，2018年中国与苏里南的整体合作程度处于中游水平。中国与苏里南金融合作（29.15）是表现最好的模块，排名位于拉美国家前列。此外，中苏之间在"一带一路"与双边合作（33.12）、政治合作（16.25）、人文交流（3.84）、投资合作（3.14）领域合作相对均衡，均在拉美国家处于中游水平。贸易合作（29.15）分值虽然较高，但总体排名较为落后，在拉美国家处于下游水平。

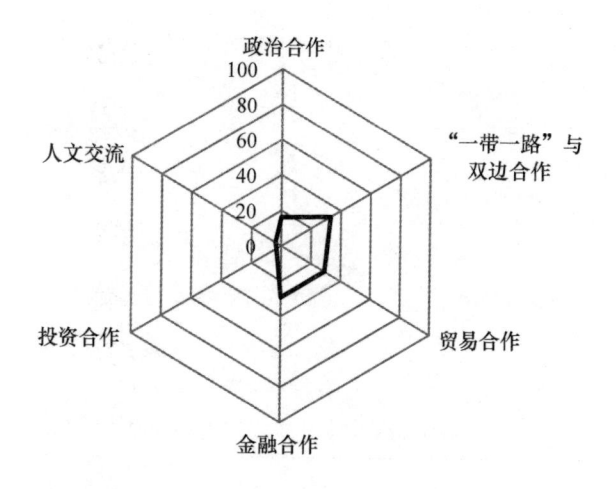

图 4-60 中国与苏里南双边合作雷达图

（三十一）特立尼达和多巴哥

如图 4-61 所示，特立尼达和多巴哥在基础设施环境（34.76）模块表现最为突出，其次是贸易环境（23.43）、投融资环境（23.43）、政治环境（53.83）、宏观经济环境（32.36）模块也有相对较好的表现，而在社会环境（7.58）和创新环境（1.12）方面发展相对薄弱，在拉美国家整体排名处于较为落后的位置，因此，未来特立尼达和多巴哥应在改善社会环境和创新环境方面有所作为。

如图 4-62 所示，2018 年，中国与特立尼达和多巴哥整体合作水平在拉美国家处于中游水平。其中，在投资合作（67.42）领域表现最为突出，且在拉美国家处于前列水平。在"一带一路"与双边合作（33.93）、金融合作（1.11）领域排名也在拉美国家处于中游水平。中国与特立尼达和多巴哥双边在贸易合作（43.90）和人文交流（3.27）领域排名较其他模块落后，但相对来说，贸易领域合作的排名最为靠后。

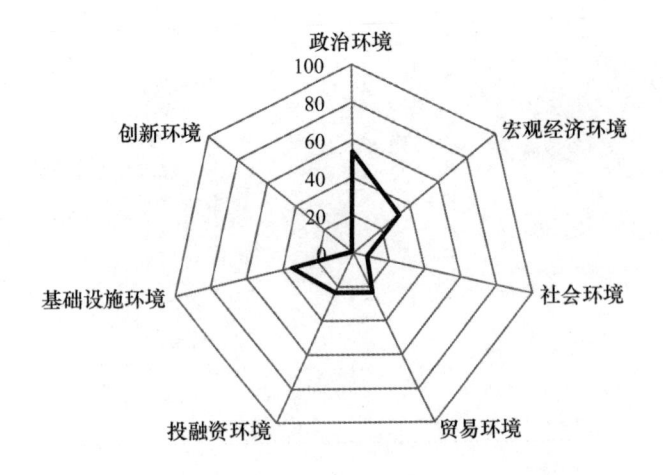

图4-61 特立尼达和多巴哥营商环境雷达图

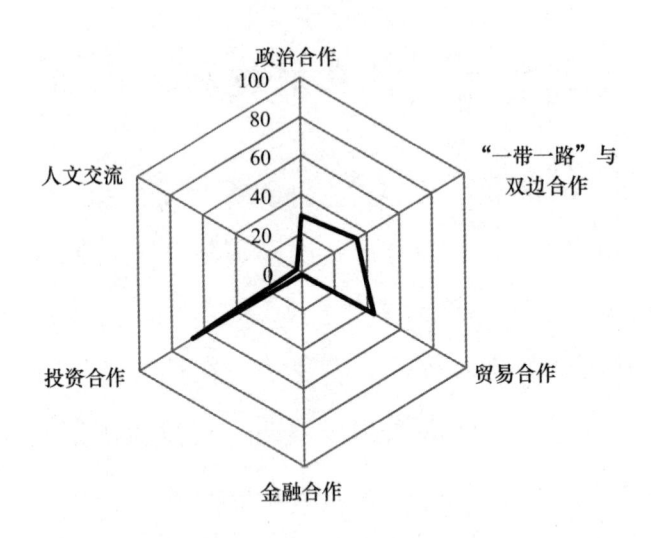

图4-62 中国与特立尼达和多巴哥双边合作雷达图

（三十二）乌拉圭

如图4-63所示，2017年乌拉圭在各模块表现均较好，在拉美国家处于中上水平，对各模块比较而言，乌拉圭在创新环境（38.09）、社会环境（37.73）表现最为突出，此外，在贸易环境（24.10）、投融资环境（24.10）、基础设施环境

（33.89）和宏观经济环境（39.74）均有较好的表现。虽然政治环境（45.97）模块得分最高，但乌拉圭在政治模块与其他拉美国家差距最大，因此，未来乌拉圭可在缩小与其他拉美国家在政治环境方面的差距为着力点，从而提升国家整体营商环境。

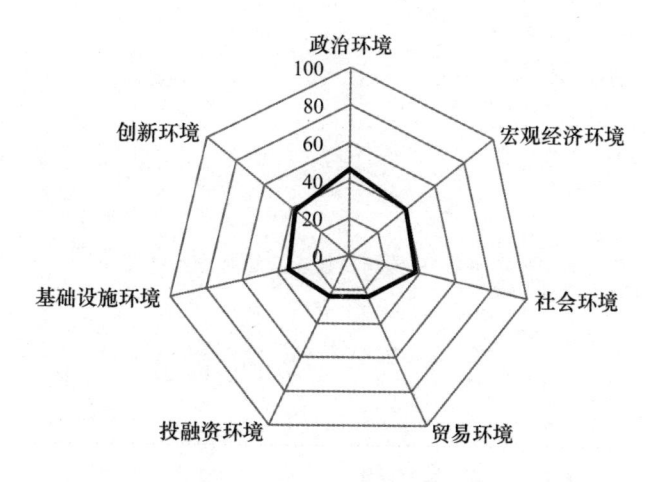

图 4-63　乌拉圭营商环境雷达图

如图 4-64 所示，2018 年中国与乌拉圭的合作发展较不均衡。在投资合作（67.42）模块表现最优，且在拉美国家处于前列。此外，在政治合作（77.27）、人文交流（7.85）领域也处于拉美 33 国前十名的水平。在"一带一路"与双边合作（32.93）领域处于拉美国家中游水平。在贸易合作（12.55）和金融合作领域排名较为落后，在拉美国家处于末位水平，存在较大提升空间，中国与乌拉圭双边亟须推进这两个领域的合作。

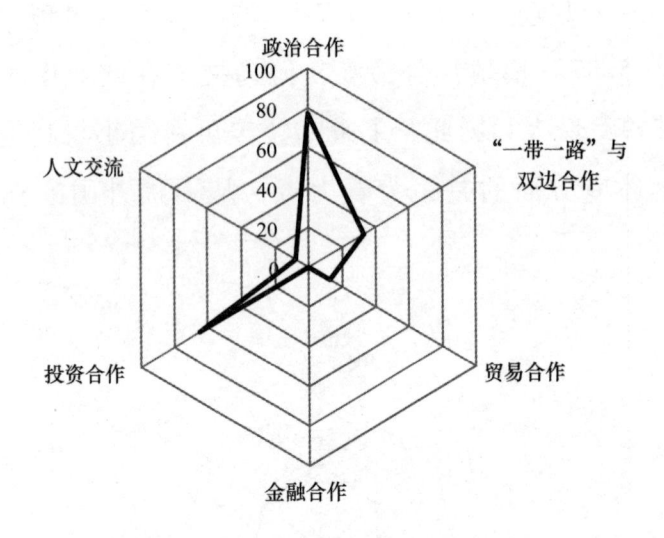

图 4-64　中国与乌拉圭双边合作雷达图

（三十三）委内瑞拉

如图 4-65 所示，2017 年委内瑞拉在基础设施环境（48.13）模块表现最为突出，其次是创新环境（33.34）模块，此外，委内瑞拉在社会环境（24.11）、贸易环境（22.09）、投融资环境（22.09）模块也有相对较好的表现，但委内瑞拉在政治环境（0.00）和宏观经济环境（0.00）模块表现较为落后，均位于拉美国家末位，因此，未来委内瑞拉应大力提高政治环境和宏观经济环境。

如图 4-66 所示，2018 年中国与委内瑞拉双边合作程度较高，但是合作发展十分不均衡。中国与委内瑞拉在"一带一路"与双边合作（98.36）、金融合作（64.16）领域在拉美国家处于前列，尤其是"一带一路"与双边合作领域在拉美国家排名第二位。此外，中委双边在政治合作（78.58）、投资合作

(49.78)、人文交流（5.56）领域合作也有较好的表现。但贸易合作严重落后于其他领域合作的发展，中委双边贸易合作在拉美国家中处于末位水平，是未来需要提升合作水平的重点。

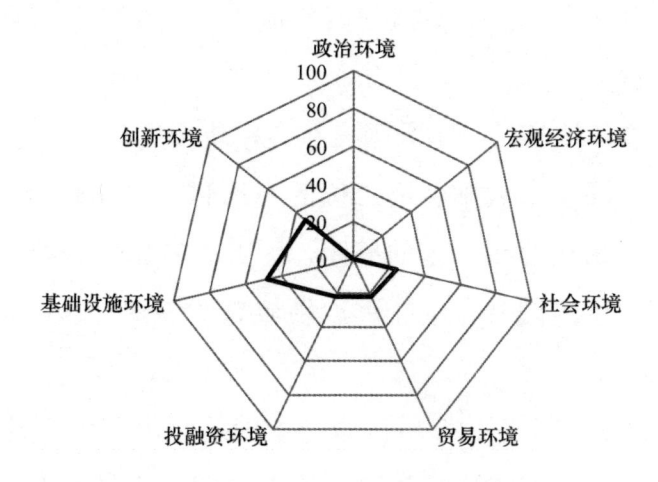

图 4-65　委内瑞拉营商环境雷达图

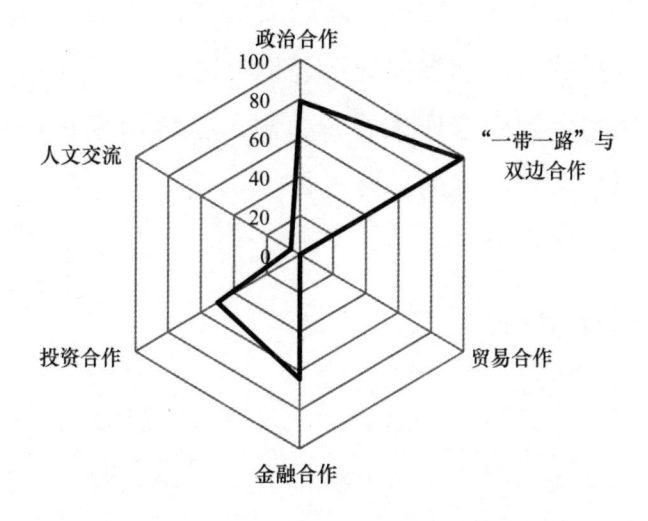

图 4-66　中国与委内瑞拉双边合作雷达图

本章小结

本章分国别讨论了各国营商环境水平及中国与各国双边合作进展情况。

从营商环境来看,多数国家在各模块发展存在一定的差异,即使是营商环境指数排名第二位的墨西哥,也在政治环境模块与其他国家相比存在一定的差距。因此,各国在稳步提升本国整体营商环境的同时,应在重点领域有所关注,从而实现各方面的全面发展。

在双边合作层面,多数国家与中国的双边合作发展不均衡,即使总体指数排名靠前的国家,也只有巴西、智利基本实现了六方面合作的平衡发展。在中拉双边合作当中,普遍存在类似危地马拉等国家的合作结构,即以贸易合作为双边合作的支柱,其他几个领域的合作则多数处于起步阶段。

从中国与各国别合作来看,中国与拉美国家在各领域合作基本符合该国营商环境的发展现状。

五　拉美国家营商环境与中拉双边合作坐标图分析

本部分将营商环境指数置于横轴，中拉双边合作指数置于纵轴，分别建立2012—2013年和2017—2018年的坐标体系，直观地展示出这两年各个国家两项指标水平，以分析拉美各国营商环境与中拉双边合作水平之间的动态关系。这样一方面可以观测营商环境与双边合作跨时间的变化和发展，另一方面可以依据营商环境与双边合作的动态关系判断未来双边合作的机会及挑战。

（一）基于坐标轴区位分布分析

综合表2-6中2017年拉美各国营商环境指数的计算结果，和表2-9中2018年中国—拉双边合作评价指数的计算结果，将前者置于横轴，而后者置于纵轴，描绘坐标如图5-1。图中分布在右上区域的国家营商环境及双边合作水平较高，而分布越靠近左下区域则代表该国营商环境及双边合作程度较逊色。

根据图 5-1 不难看出，巴西、墨西哥、智利和阿根廷这四个国家的营商环境较好，与中国的双边合作较为深入，两方面的指数表现均显著超过其他国家。而大多数国家更集中于左下区域，营商环境尤其是双边合作水平存在较大提升空间。

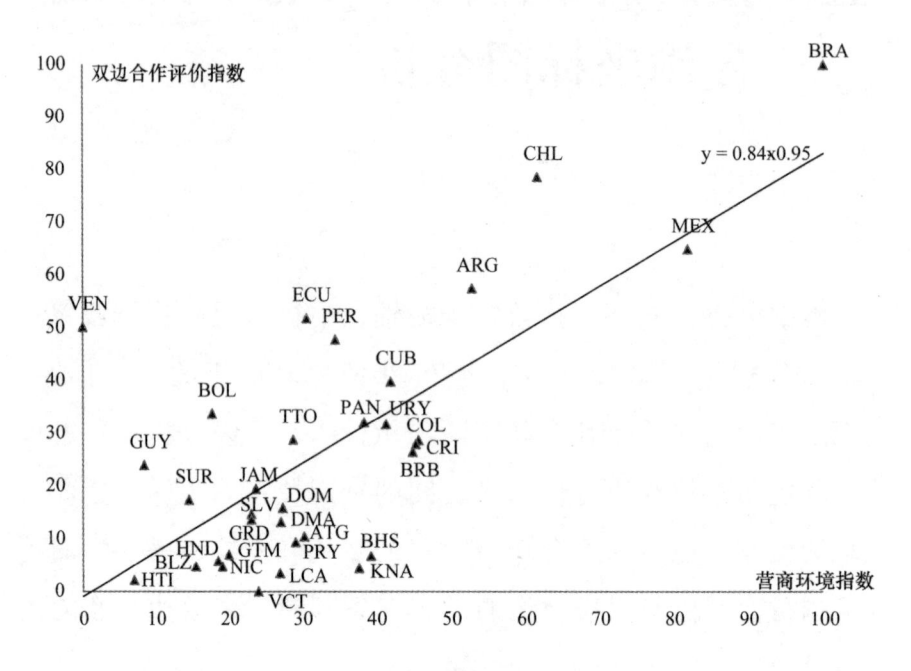

图 5-1　2017—2018 年拉美营商环境和中拉双边合作动态关系

（二）基于坐标轴分布跨时间的动态分析

综合表 2-3 中 2012 年拉美各国营商环境指数的计算结果，和表 2-8 中 2013 年中国—拉美双边合作评价指数的计算结果，将前者置于横轴，而后者置于纵轴，描绘坐标如图 5-2。表 5-1 则列出了 2012 年和 2017 年两年各国营商环境指数的对比统计，以及 2013 年和 2018 年中拉双边合作评价指数的对比统计。

比较图 5-1 和图 5-2 中两年各国国家的坐标分布情况，

可以看出两年的坐标图中，右上区域的国家分布均较为分散，而中部及左下区域相对集中。但与 2012 年比较，2017 年各个国家的分布明显更贴合趋势项线并沿着趋势线向右上端侧延伸，中上部区域国家增多，中游明显更为集中，但整体出现轻微下沉。表 5-1 中前两行分别是拉美国家各年份对应指数的总值和各年份对应的综合评分总值。不难看出，2017 年的营商环境较 2012 年得到显著改善，而 2013 年到 2018 年，中拉双边合作水平也明显提升。从指数变化率上来看，虽多数国家双边合作指数的增长率大于营商环境指数，但总体上营商环境在五年间的改善程度大于双边合作水平的提高。结合图表中展现出的趋势，可以总结以下两点：

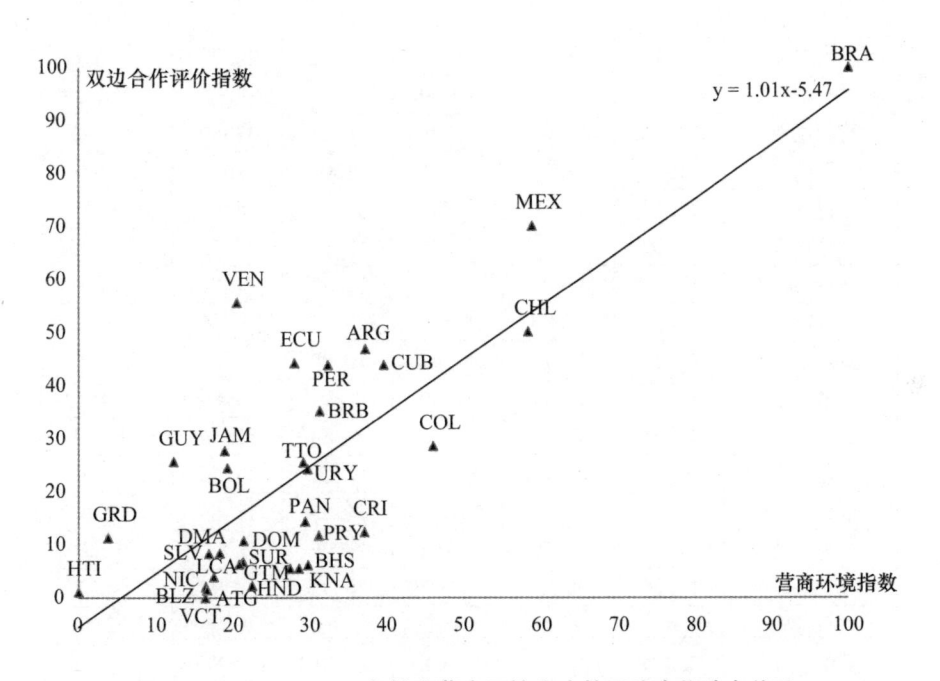

图 5-2 2012—2013 年拉美营商环境和中拉双边合作动态关系

第一，拉美国家的营商环境对中拉双边合作水平的影响变得更为明显。与2012—2013年相比，2017—2018年各国营商环境与中拉双边合作动态关系分布相对于趋势线分布得更为紧凑。这说明二者间的线性相关关系更为显著，即中国与拉美国家之家的双边合作水平与该拉美国家的营商环境相关性增强，营商环境的改善能助益深化中拉双边合作。

表5-1　拉美国家营商环境与中拉双边合作评价指数统计

	营商环境评价指数			中拉双边合作评价指数		
	2012	2017	变化%	2013	2018	变化%
指数总和	935.52	1081.65	15.62	766.32	877.96	14.57
综合评分总分值	0.59	0.47		8.02	9.79	
安提瓜和巴布达	16.44	30.35	84.68	2.10	10.47	398.57
阿根廷	37.15	52.80	42.13	47.00	57.51	22.36
巴哈马	29.73	39.39	32.47	6.21	6.76	8.86
巴巴多斯	31.26	44.87	43.55	35.32	26.49	-25.00
伯利兹	16.59	15.51	-6.56	1.50	4.77	218.00
玻利维亚	19.22	17.69	-7.93	24.51	33.80	37.90
巴西	100	100	0	100	100	0
智利	58.22	61.59	5.80	50.24	78.66	56.57
哥伦比亚	46.02	45.65	-0.82	28.64	28.72	0.28
哥斯达黎加	37.07	45.28	22.15	12.45	27.99	124.82
古巴	39.56	41.95	6.03	44.01	39.86	-9.43
多米尼克	21.33	27.18	27.47	10.82	13.21	22.09
多米尼加	21.24	27.44	29.20	6.77	15.86	134.27
厄瓜多尔	27.95	30.66	9.71	44.34	51.84	16.91
萨尔瓦多	16.83	23.18	37.74	8.33	14.72	76.71
格林纳达	3.82	23.19	507.44	11.35	13.69	20.62
危地马拉	27.41	18.50	-32.50	5.53	5.82	5.24
圭亚那	12.26	8.49	-30.79	25.71	23.97	-6.77
海地	0	7.06	N/A	1.09	2.16	98.17
洪都拉斯	22.45	20.02	-10.81	2.30	7.04	206.09
牙买加	18.86	23.78	26.10	27.76	19.48	-29.83
墨西哥	58.71	81.93	39.55	70.15	65.00	-7.34

续表

	营商环境评价指数			中拉双边合作评价指数		
	2012	2017	变化%	2013	2018	变化%
尼加拉瓜	17.47	19.10	9.34	3.95	4.74	20.00
巴拿马	29.36	38.46	30.98	14.45	32.11	122.21
巴拉圭	31.14	29.17	-6.32	11.82	9.40	-20.47
秘鲁	32.30	34.64	7.24	44.00	47.83	8.70
圣基茨和尼维斯	28.56	37.81	32.38	5.55	4.44	-20.00
圣卢西亚	18.22	27.05	48.44	8.44	3.48	-58.77
圣文森特和格林纳丁斯	16.37	24.12	47.34	0	0	N/A
苏里南	20.78	14.60	-29.71	6.36	17.39	173.43
特立尼达和多巴哥	29.69	28.85	-2.82	24.31	28.81	18.51
乌拉圭	29.12	41.34	41.97	25.58	31.76	24.16
委内瑞拉	20.42	0	-100	55.73	50.18	-9.96

数据来源：依据本报告数据整理计算而得。

第二，拉美各国营商环境及中国与拉美各国的经贸合作水平总体改善，但各个国家相互之间逐渐拉开差距。由图5-1和图5-2的对比不难看出，2017—2018年的坐标图中各国的分布沿着趋势线向右上侧扩散，移向中上部区域的国家有所增加，中游区域的国家分布更为集中，但仍有相当数量的国家位于下游区域，并且可以观测到中下游区域国家的坐标位置总体上出现轻微下沉的态势，因此无论是在营商环境方面，还是双边合作水平方面，国家之间的差距逐渐拉大。

（三）基于坐标轴趋势线的分析

图5-1和图5-2中的实现为运用最小二乘法描绘的营商

环境与双边合作之间的线性关系，可以反映二者关系动态变化的趋势。根据趋势线及其与坐标分布关系的特点，并结合表5-1中的变化率数据可以得到如下结论：

第一，相对于2012—2013年来说，虽多数国家五年间双边合作水平的增长率大于营商环境水平，但2017—2018年营商环境的改善效应整体上大于中拉双边合作的改善效应，中拉双边合作仍待进一步拓展。前文提到，表5-1中的变化率显示，总体上营商环境的改善程度大于双边合作，大多数国家的双边合作提升的比率大于这些国家营商环境的改善比率。但对比两年趋势线，2017—2018年的斜率较2012—2013年明显变得更为平缓。斜率反映的是整体上双边合作与营商环境的对应比例，那么两图中趋势线的变动说明从2012年到2017年，拉美各国营商环境整体的改善大于2013—2018年双边合作整体水平的提高。部分国家的双边合作坐标下沉较为明显，中拉双边合作仍需深入推进。

第二，拉美各国坐标相对趋势线上下方位的变化有限，个别国家需警惕合作风险，大多数国家则仍需进一步拓展合作。一国坐标位于趋势线上方表明中国与该国双边合作水平高于该国营商环境水平，推动与这些国家的双边合作发展应提高风险意识。而一国坐标位于趋势线下方表明中国与该国双边合作水平低于该国营商环境水平，中国与该国的双边合作存在进一步拓展空间。比较图5-1和图5-2中拉美各国的坐标分布可以看出，出现趋势线上下区位变动的国家有限，变为较明显的是智利和墨西哥，前者实现了从趋势线下方至上方的转移，双边合作水平的提高显著大于营商环境的改善；而墨西哥则相反，营商环境的优化效果虽十分突出，但双边合作水平相对来说则有所下降，导致墨西哥位移至趋势线下。就与趋势线的距离而言，委内瑞拉的双边合作水平与其营商环境极为不符，因此应重点加强中委双边合作中的风险防范。此外，2017—2018年绝大多数拉美国家仍然位于趋势线下方，其与中国的双边合作水平相对于营商环境来说仍有较大的发展空间。

六 中国—拉美国家合作进展及政策建议

本报告通过构建拉美营商环境指数和中拉双边合作指数，试图对拉美各国营商环境和中国与拉美各国双边合作进展情况进行科学的量化分析，从而为中拉合作提供一定的参考。在拉美营商环境指数方面，本报告选取了拉美各国政治环境、宏观经济环境、社会环境、贸易环境、投融资环境、基础设施环境、创新环境、资源禀赋八个方面的数据，运用因子分析法进行科学运算，将多个指标压缩成八个主要因子，以计算拉美各国营商环境发展情况。拉美国家作为中国"一带一路"建设不可或缺的重要参与方，本报告希望能够科学地评价拉美国家营商环境，从而为中国与拉美的经贸、投资合作提供一定的参考。

在中拉双边合作指数方面，本报告选取了政治合作、"一带一路"与双边合作、贸易合作、金融合作、投资合作、人文交流几个方面的指标数据，量化中国与拉美国家在各模块的合作情况，希望能够科学评价目前中国与拉美各国的合作水平，并提出一定的政策建议。

（一）主要结论

1. 营商环境

（1）整体营商环境比较

在营商环境方面，与2012年相比，2017年拉美多数国家保持稳定或小幅变化。巴西、墨西哥、智利三个国家的排名均未发生变化，稳居拉美营商环境的前三位，此外，多米尼克、尼加拉瓜、圭亚那三国排名与基期相比也未发生变化。2017年排名下降的国家有：哥伦比亚、古巴、秘鲁、巴拉圭、特立尼达和多巴哥、洪都拉斯、危地马拉、玻利维亚、伯利兹、苏里南和委内瑞拉，其中哥伦比亚和伯利兹排名小幅下降，下降幅度最大的国家是委内瑞拉，与2012年相比，委内瑞拉提前大选加重了政治不稳定的因素，严重的通货膨胀导致了委内瑞拉宏观经济环境急剧恶化，政治和经济环境的双重变化带来了委内瑞拉营商环境排名的大幅变化。阿根廷、哥斯达黎加、巴巴多斯、乌拉圭、巴哈马、巴拿马、厄瓜多尔、安提瓜和巴布达、多米尼加、圣卢西亚、圣文森特和格林纳丁斯、牙买加、格林纳达、萨尔瓦多、海地排名则上升，其中，安提瓜和巴布达上升幅度最大，与2012年相比，安提瓜和巴布达在宏观经济环境、贸易环境、投融资环境上有较大进步。

（2）分模块营商环境比较

分模块来看，2017年政治模块表现最好的国家是巴西，其次是圣卢西亚、智利、巴巴多斯、哥斯达黎加、古巴等国，委内瑞拉政治环境在拉美处于末位水平；在宏观经济模块，表现最好的国家是墨西哥,其次是巴西、阿根廷、格林纳达、秘鲁、智利等国,委内瑞拉宏观经济环境排名最差;在社会环境模块,排名靠前的国家依次是墨西哥、巴西、阿根廷、秘鲁、智利等国,巴巴多斯、危地马拉排名垫底;在贸易环境和投融资环境模块,墨西哥、巴西、阿根廷是排名前三位的国家,古巴排名处于拉美国家末位;在基础设施环境模块,墨西哥是拉美地区排名第一的国家,其次依次是巴西、阿根廷、委内瑞拉等国,危地马拉、尼加拉瓜基础设施建设水平处于末位;在创新环境模块,墨西哥、巴西、阿根廷同样占据了拉美地区的前三位,危地马拉创新环境在拉美地区最弱。

(3) 分国别营商环境比较

从具体国别来看,2017年营商环境排名前五位的国家综合评分差距较大,说明各国营商环境发展较不均衡。巴西整体营商环境排在拉美国家第一位,在政治环境模块排名在拉美国家第一位,其余模块如宏观经济环境、社会环境、贸易环境、投融资环境、基础设施环境、创新环境均排在拉美国家第二位,整体而言,巴西未来在经贸环境和投融资环境方面有待加强。墨西哥整体营商环境位于拉美国家第二位,其中,宏观经济环境、社会环境、贸易环境、投融资环境、基础设施环境、创新环境模块均位列拉美国家第一位,相对而言,政治环境模块发展较为落后,未来墨西哥在政治环境模块有待进一步加强。

智利是在拉美国家营商环境排名第二位的国家。其在政治环境模块表现最为突出,在宏观经济环境、社会环境存在较好的表现,但在基础设施环境和创新环境方面相对落后。阿根廷营商环境在各模块评分相对平均,其中在创新环境模块表现最好，在基础设施环境、政治环境、社会环境、宏观经济环境几个方面也表现较为突出，相对而言，在政治环境模块与其他国家差距最大，未来应着力改善政治环境。哥伦比亚在贸易环境、投融资和社会环境方面表现最为突出，其中，基础设施环境模块相比其他模块在拉美国家中排名最低，未来哥伦比亚需要在基础设施环境模块有所加强。

哥斯达黎加、巴巴多斯、古巴、乌拉圭、巴哈马、巴拿马、圣基茨和尼维斯、秘鲁、厄瓜多尔、安提瓜和巴布达、巴拉圭、特立尼达和多巴哥营商环境排名在拉美国家位于中上游。其中，哥斯达黎加各模块发展差异较大，政治模块表现最为突出，且在拉美国家排名第五位，但在基础设施环境、贸易环境和投融资环境方面相对落后。巴巴多斯在政治和基础设施环境领域均位于拉美国家前列，而在创新、贸易、投融资和社会环境领域则发展落后，未来应在以上领域有所提高。

古巴在政治环境领域表现最好，但在宏观经济、贸易、投融资领域处于拉美国家末位水平。乌拉圭在创新环境和社会环境方面表现最为突出，分别位于拉美第四名和第六名，在政治环境模块与其他国家差距较大，未来乌拉圭应在提升本国政治环境方面做出努力。巴哈马在基础设施环境领域表现最为突出，高于拉美大多数国家，此外，巴哈马在宏观经济和创新环境方面也有较好表现，但贸易、投融资、社会环境排名位于拉美国家中下游，仍有待加强。巴拿马在贸易环境、投融资环境、宏观经济和社会环境模块表现强于多数拉美国家，在拉美国家中排名前十位，然而创新环境相对于其他拉美国家有待加强。

圣基茨和尼维斯基础设施领域表现突出，表现较好的领域集中于政治环境和宏观经济环境，社会环境和创新环境与其他国家相比较为薄弱。秘鲁表现较好的领域集中于社会、贸易、投融资环境，排名优于绝大多数拉美国家，此外，在宏观经济环境、创新环境、基础设施环境方面也有较好的表现，在政治环境方面与其他国家差距最大。厄瓜多尔在创新领域表现最好，在拉美国家排序第十位，其他模块均在拉美国家排名中位于中下游，其中与其他国家差距最大的模块是政治模块，因此厄瓜多尔可将改善政治环境作为提升本国营商水平的主攻方向。

基础设施和宏观经济环境是安提瓜和巴布达在拉美国家排名最靠前的两个领域，与其他模块相比，安提瓜和巴布达在创新环境和社会环境模块相对落后，未来可将改善创新环境和社会环境作为着力点。巴拉圭各模块排名在拉美较为均衡，均在20名之后，其中，表现最好的模块是创新环境模块，在宏观经济、贸易、投融资环境模块表现最为薄弱，存在一定的提升空间。特立尼达和多巴哥各模块发展较不均衡，其中，在基础设施环境模块表现最为突出，在贸易、投融资模块也有较好的表现，均在拉美排名十位左右，但在社会环境和创新环境方面发展则较为落后，在拉美处于末位水平。

多米尼加、多米尼克、圣卢西亚、圣文森特和格林纳丁斯、牙买加、格林纳达、萨尔瓦多、洪都拉斯、尼加拉瓜、危地马拉、玻利维亚营商环境位于拉美国家中下游。2017年多米尼加在贸易和投融资环境中表现最好，在拉美国家排名处于上游水平，其次是创新环境、社会环境、基础设施环境等，相对而言，政治环境与其他国家存在一定的差距。多米尼克在社会环境和创新环境模块均位于拉美国家上游，在基础设施环境、贸易环境和投融资环境方面存在一定的差距。圣卢西亚政治环境在拉美国家表现较为突出，但在创新环境和社会环境方面与其他国家相比较为落后。圣文森特和格林纳丁斯在政治模块表现最为突出，位于拉美国家前十名之列，在基础设施和社会环境方面则相对落后。

牙买加表现最好的模块是政治环境模块，在拉美国家排名第七位，其次是宏观经济环境模块，在基础设施环境模块排名最低，存在一定的提升空间。格林纳达表现较好的领域集中于宏观经济环境、创新环境和社会环境模块，在政治环境模块表现最不理想，未来可在改善政治环境方面有所作为。萨尔瓦多各模块在拉美国家排序均处于中下游水平，其中排序最靠前的模块是社会环境和创新环境模块，在基础设施环境模块则表现最为落后，未来存在一定的改善空间。洪都拉斯在政治环境模块表现最佳，在创新环境和社会环境模块表现也相对较好，但在贸易、投融资、宏观经济、基础设施环境模块则均位于拉美国家末位水平，存在较大的提升空间。

整体上看，尼加拉瓜各模块排序在拉美国家处于中下游水平，其中表现最好的模块是政治环境模块，在社会环境、宏观经济环境、创新环境模块存在一定的提升空间，在贸易、投融资、基础设施环境则表现相对薄弱，存在较大的改进空间。危地马拉各模块发展较不均衡，其中政治模块表现最好，其余模块得分则较低，未来在宏观经济环境、社会环境、贸易环境、投融资环境、基础设施环境、创新环境均存在较大的改善空间。玻利维亚在创新环境模块表现最好，在社会环境模块也有较好的表现，但其他模块在拉美国家排序中处于中下游水平，政治环境模块在拉美国家中排序较为靠后,存在较大的提升空间。

伯利兹、苏里南、圭亚那、海地、委内瑞拉是所列国家中排名后五位的国家。伯利兹在政治环境模块表现最优,在其他模块表现相对稳定,但在基础设施环境与其他拉美国家相比较为落后,因此未来伯利兹应在提升基础设施环境方面有所作为。苏里南表现相对较好的领域集中于社会环境和创新环境模块,在贸易环境、投融资环境、基础设施环境和宏观经济环境则存在较大的提升空间。圭亚那在政治环境、贸易环境、投融资模块相对其他模块突出,在创新环境、基础设施环境、社会环境方面则存在较大的提升空间。

海地各模块排序均较为靠后,其中表现最好的模块是创新模块,其次是贸易环境和投融资环境模块,政治环境、基础设施环境和社会环境模块应是未来海地提升自身营商环境的主攻方向。委内瑞拉各模块发展较不均衡,在基础设施环境模块上表现最为突出,在社会环境、贸易环境、投融资环境上也有相对较好的表现,但政治环境和宏观经济环境均位于拉美国家末位,未来委内瑞拉应大力提高政治环境和宏观经济环境。

2. 双边合作

(1) 整体合作水平比较

在双边合作方面,随着"一带一路"计划的不断推进,中国与拉美国家的合作水平不断深入,与2013年相比,中国与拉美国家的合作取得了较好的进展。巴西与中国合作较为稳定,一直是与中国合作最为密切的国家。危地马拉、海地、圣文森特和格林纳丁斯与中国合作也较为稳定,一直处于拉美国家下游。智利、阿根廷、厄瓜多尔、秘鲁、玻利维亚、巴拿马、乌拉圭、特立尼达和多巴哥、哥斯达黎加、苏里南、多米尼加、萨尔瓦多、安提瓜和巴布达、洪都拉斯、伯利兹与中国整体合作指数均体现了一定的进步，其中排名上升幅度最大的国家是安提瓜和巴布达，排名上升7名，此外，巴拿马和苏里南与中国双边合作进步也较为明显，排名上升6位。当然，在中拉合作推进的过程中，也有一些国家与中国合作进步速度相对较慢，从而导致与2013年相比排名出现了一定幅度的下跌，如：巴巴多斯、牙买加、圭亚那、巴拉圭、圣基茨和尼维斯、圣卢西亚等。

（2）分模块合作水平比较

从各模块合作情况来看，在政治领域与中国合作最好的国家是阿根廷，其次是巴西、智利、墨西哥、古巴等国，与伯利兹、格林纳达等八国合作最弱；在"一带一路"与双边经济合作模块进展最好的国家是智利、委内瑞拉、厄瓜多尔、巴西、秘鲁等国，伯利兹、危地马拉等7个国家排名垫底；在贸易合作模块，墨西哥表现最好，其次是哥斯达黎加、巴西、智利等国，委内瑞拉排名位于末位水平；在金融合作模块表现最好的国家分别是巴西、阿根廷、智利、委内瑞拉等国，与安提瓜和巴布达、伯利兹等15个国家在金融合作方面最为落后；在投资合作模块，中国与巴巴多斯、巴西、智利等国合作表现最好，与多米尼克、洪都拉斯等国合作则较为薄弱；在人文交流方面，中国与墨西哥、巴西、巴拿马等国合作最好，而与伯利兹等国人文交流水平最为落后。

（3）分国别合作环境比较

分国别来看，在拉美33国中，中国与巴西双边合作关系最为密切，中巴在各领域合作均位于拉美国家前列，中巴在金融合作方面位于拉美国家首位，在政治合作、投资合作、人文交流合作模块均在拉美国家排名第二位，相比较而言，中巴双边在贸易和"一带一路"双边合作领域排名落后于其他领域，但也分别位列第三名和第四名。智利在中国—拉美合作指数中位居第二位，与中国在"一带一路"与双边经济方面合作最好，位于拉美国家首位，在政治、金融、投资领域的合作也较为深入，相比而言，中智两国应在贸易合作、人文交流层面进一步推进。

墨西哥在与中国合作排名中位于拉美国家第三名，中墨合作主要集中于贸易和人文交流合作领域，在政治、金融、投资合作方面也有较好的表现，相对其他模块得分而言，中墨"一带一路"与双边合作领域需要重点提升；阿根廷、厄瓜多尔分别位于中拉合作的第四名和第五名，对阿根廷而言，中阿两国在政治和金融合作层面表现突出，在人文交流、"一带一路"与双边合作领域也有较好的表现。未来中阿两国应进一步推动贸易、投资方面的合作。对于厄瓜多尔而言，中厄两国双边合作程度较高，且发展相对均衡，中厄两国在"一带一路"与双边合作层面表现最为突出，在政治、金融、投资、人文交流领域也有较好的表现，相对而言，贸易领域合作落后于其他领域。

委内瑞拉、秘鲁、古巴、玻利维亚、巴拿马、乌拉圭、特立尼达和多巴哥、哥伦比亚、哥斯达黎加、巴巴多斯、圭亚那、牙买加、苏里南与中国合作在拉美国家处于中上游水平。中国与委内瑞拉在"一带一路"与双边合作、金融合作领域表现最为突出，在政治、投资和人文交流方面表现也相对较好，相对于其他模块而言,未来中委两国可在贸易领域进一步推进合作。中国与秘鲁在各领域合作发展较为均衡,其中,在"一带一路"双边合作领域表现最为突出,在贸易、人文交流、政治、金融领域表现也较为理想,未来中国与秘鲁可以在投资合作方面适度推进。

中国与古巴在政治合作方面表现最为突出,在贸易合作领域需要大力加强。中国与玻利维亚在"一带一路"与双边经济领域合作最为突出,但在贸易领域的合作严重落后于其他领域。中国与巴拿马在人文交流、金融合作、"一带一路"双边合作方面均有较好的进展,但在政治、贸易和投资领域的合作有待进一步推进。中国与乌拉圭在投资、政治、人文交流合作领域表现最为突出,在"一带一路"与双边经济合作层面有待加强,在贸易、金融合作层面合作较为薄弱,亟须加强合作水平。从模块分布来看,特立尼达和多巴哥与中国在各领域均衡的开展合作,其中投资合作最为突出,其余各模块合作排名均在拉美国家处于中游水平。

哥伦比亚与中国在人文交流、贸易合作中表现最为突出,而在金融和投资领域的合作方面需要进一步加强。哥斯达黎加与中国在贸易领域合作最为突出,说明中哥贸易在哥斯达黎加经济体系中占据重要的地位,在其他领域,中哥合作发展较为均衡,排名位于拉美国家中游。投资是中国与巴巴多斯合作的重要支撑点,且投资合作水平位于拉美国家首位,在其他领域,中巴双边合作均处于拉美国家下游水平,需要进一步加强。投资领域也是中国与牙买加双边合作的重要支撑点,在中牙两国在其他模块的合作均处于拉美国家中游水平。苏里南与中国在金融合作方面表现最为突出，其他领域合作则处于拉美国家中游水平，相对而言，贸易领域合作是未来的主攻方向。

多米尼加、萨尔瓦多、格林纳达、多米尼克、安提瓜和巴布达、巴拉圭、洪都拉斯、巴哈马、危地马拉、伯利兹、尼加拉瓜、圣基茨和尼维斯、圣卢西亚、海地、圣文森特和格林纳丁斯与中国合作排名位于拉美国家中下游水平。多米尼加与中国合作主要在贸易方面，在投资领域的合作有待进一步推进。与中国合作主要体现在贸易合作方面，而在其他方面进展均较为缓慢。

萨尔瓦多、格林纳达、多米尼克与中国在金融和投资领域均处于拉美国家末位水平，亟须提升。而萨尔瓦多、格林纳达与中国在贸易合作表现最优，而多米尼克与中国在"一带一路"与双边合作领域表现最佳。安提瓜和巴布达与中国合作最为紧密的模块是"一带一路"与双边合作领域，在投资、贸易、政治合作领域也有一定的合作，但在金融和人文交流领域合作亟须推进。巴哈马与中国在贸易、政治合作领域表现较好，但在金融、投资领域仍存在较大提升空间。中国与伯利兹在贸易、投资领域开展一定合作，但在政治、"一带一路"与双边合作、金融、人文交流领域合作均处于拉美末位水平。

危地马拉、海地、洪都拉斯、尼加拉瓜、巴拉圭、圣基茨和尼维斯、圣卢西亚、圣文森特和格林纳丁斯几个国家与中国合作模式存在一定的相似点，即各国与中国均在贸易方面存在一定的合作，其他方面的合作则发展较为落后，未来应以贸易合作为切入点，以贸易合作带动投资、金融、人文交流等领域的合作。

3. 动态趋势线分析

结合第五部分对营商环境与双边合作的动态分析，可以得出以下几个结论。第一，巴西、墨西哥、智利、阿根廷的营商环境及双边合作的整体表现明显优于其他国家。第二，中拉双边合作水平与拉美营商环境的线性关系相较于五年前更为明显，因此二者是相互依托、互相促进的关系。第三，无论是在营商环境评价还是双边合作评价方面，拉美国家互相之间逐渐拉开差距，部分国家的营商环境优化和双边合作的发展速度明显大于其他国家。一方面相对滞后的国家应加快改善营商环境，另一方面，中拉双方应进一步开拓合作空间。第四，虽大多数国家双边合作指数的增长率大于营商环境，但整体上营商环境的改善效应大于双边合作，双边合作仍需继续推进。目前存在一些合作水平与营商环境不匹配的国家，比如，中国与哥伦比亚、巴哈马、巴拉圭等国家的合作水平小于该国的营商环境水平，反映出此类国家相对营商水平较好，但中国与之合作不足的事实，未来中国可进一步拓展与此类国家的合作。但若是相反的情况，比如中国与委内瑞拉、秘鲁等国家双边合作水平大于该国的营商环境水平，说明中国与此类国家合作较好但营商环境不足的事实，中国应在合作过程中注意风险防范。

（二）中拉合作评价及政策建议

基于上述对拉美国家营商环境及中国—拉美双边合作情况的总结，本报告对中拉合作提出以下评价及政策建议。

巴西、墨西哥、智利、阿根廷作为拉美营商环境最好同时也是与中国合作最为紧密的国家，说明中国与以上四个国家的合作水平是与各自国家的营商环境发展相适应的。巴西、墨西哥、智利、阿根廷是支撑中拉合作的主要国家，中国在大力发展与以上国家合作的同时，也应该推动与其他国家合作的开展。在中拉合作中，应注意以下几个方面：首先，针对营商环境落后于双边合作水平的，应做好风险管理，2018年，中国与委内瑞拉双边合作位于拉美国家第六位，但委内瑞拉整体营商环境在拉美处于末位，营商环境与合作水平呈现较大程度的不匹配，在此情况下，应做好风险评估和风险控制。其次，对于营商环境发展显著优于合作水平的国家，应充分做好调研，持续追踪，科学评估合作潜力和风险，并将这类国家纳入未来推进中拉合作的国家范围，在本报告的研究中，存在此类现象的国家主要是一些加勒比国家，如安提瓜和巴布达、巴哈马等。最后，对于目前双边合作水平与营商环境发展均较为落后的国家，应从营商环境优势模块入手，以点带面，深度挖掘中国与这类国家合作的可能性，如伯利兹政治环境在拉美国家中相对较好，但其他领域则相对落后，中方可首先通过适度开展政治领域合作，通过推动双边合作以带动营商环境的改善，从而提高中拉整体合作水平。

后　记

　　作为国内最早设立的拉美综合研究机构，中国社会科学院拉丁美洲研究所长期以多元化视角对拉美地区进行系统跟踪与研究，拉美经济研究一直是其研究重点之一。1981年8月，拉丁美洲研究所设立经济研究室，正式设立拉美经济学科。2002年8月，拉美经济学科被确定为中国社会科学院首批"重点学科"建设工程之一。2016年，拉美经济学科被确立为中国社会科学院"登峰战略"首批"优势学科"之一。自成立以来，拉美经济学科始终以中国视野下的拉美关怀为出发点，从经济学的分析框架入手，对拉美地区经济及中拉经贸关系两大领域进行跟踪分析，不断创新研究方法和数据，做出适应中国发展需要的拉美经济研究成果。《中国—拉丁美洲与加勒比地区经贸合作进展报告》是拉美经济优势学科的近期进行的一项创新性尝试。

　　拉美是21世纪初期中国对外经贸拓展最快的区域版块，伴随双方合作步入深水期，对拉美地区环境的评估具有紧迫性。然而，世界银行和国际评级机构对拉美经贸与营商环境的已有评估缺少对中国利益、中国诉求、中国话语的现实考量。基于这一认识，拉美经济学科推出《中国—拉丁美洲与加勒比地区经贸合作进展报告》，尝试构建中国视角下的拉美国别经贸环境评估体系与中拉合作进展评估体系。

作为系列报告的开篇之作，《中国—拉丁美洲与加勒比地区经贸合作进展报告（2019）》凝聚了拉美经济学科全体成员的共同努力。本报告的设想形成于2017年，在一年半的多轮集体讨论中，逐步确定了指标体系、数据来源和模型框架，形成了2018年版报告初版。在随后一年的稳健性检验和集体审稿后，最终由三位执笔者联合完成首部报告。本报告感谢学科全体成员的智慧贡献！

本报告的形成得益于中国社会科学院"登峰战略"推动的学科创新和发展，特别要感谢拉丁美洲研究所各位所领导的鼓励和支持，没有这些保障和援手，本版报告难以最终形成！

本报告在策划过程中，走访了联合国拉美经委会、巴西瓦加斯基金会、秘鲁太平洋大学、智利大学以及世界经济与政治研究所、欧洲研究所等中国社会科学院内机构和人民大学等院外机构，从其已有的各类指数报告中汲取大量经验和知识，在此一并致以谢意！感谢中国社会科学出版社重大项目与智库成果出版中心为本报告的顺利出版提供的重要支持。

最后，本版报告是《中国—拉丁美洲与加勒比地区经贸合作进展报告》系列报告的试水之作，作者们深知模型与现实存在差距，报告中尚有大量不完备之处，无法完全准确地评估拉美这一有着丰富多样化的地区。但是，拉美经济学科在此次尝试中，已经深刻理解了连接学术研究、智库成果和业界实践的重要性，未来学科还将继续修正指数体系的构成和模型设定方法，并尽可能纳入大数据发展带来的巨大创新，向着日臻完善努力。各界朋友的支持、鼓励或者批评都是鞭策我们不断前行的巨大动力！

拉美经济学科

岳云霞

附 录

附录 A.1　2012 年拉美国家营商环境评价体系因子载荷矩阵

附表 A.1　2012 年拉美国家营商环境评价体系因子载荷矩阵

	成分							
	1	2	3	4	5	6	7	8
sx101	0.076	0.605	-0.316	0.238	0.033	0.183	0.347	0.130
sx102	-0.153	-0.107	0.033	-0.086	0.427	-0.541	-0.114	-0.053
sx103	0.621	-0.045	0.347	0.220	0.284	0.018	-0.114	0.205
sx104	-0.109	-0.212	0.014	-0.140	0.075	0.755	0.108	-0.077
sx201	0.981	0.032	0.054	-0.036	0.077	-0.016	0.039	0.020
sx202	0.993	0.046	0.054	-0.058	0.014	0.012	-0.006	-0.003
sx203	0.121	0.851	-0.104	0.173	-0.245	0.051	-0.080	-0.087
sx204	-0.940	-0.027	0.027	-0.008	-0.222	-0.003	-0.030	-0.097
sx205	-0.001	-0.268	0.520	0.416	-0.085	-0.271	-0.075	-0.044
sx206	-0.122	-0.091	-0.340	0.279	0.423	0.164	0.422	0.206
sx207	-0.049	-0.085	0.141	0.086	0.189	0.785	-0.194	0.135
sx208	0.345	0.097	-0.238	-0.139	0.670	0.267	0.046	0.102
sx209	0.087	0.028	0.134	0.501	0.245	0.420	-0.288	0.012
sx210	0.180	0.252	0.245	0.004	0.054	0.155	-0.488	0.251
sx301	0.988	-0.023	0.080	-0.020	0.013	0.008	-0.021	0.025

续表

	成分							
	1	2	3	4	5	6	7	8
sx302	0.061	0.028	-0.026	-0.037	-0.011	0.086	0.060	0.889
sx303	0.144	0.812	0.079	0.080	0.372	-0.074	-0.025	0.026
sx304	-0.214	0.208	-0.654	-0.165	0.067	-0.236	-0.089	0.251
sx305	0.003	0.492	0.119	0.020	0.139	0.097	0.577	-0.495
sx306	0.095	0.109	0.769	0.077	0.052	-0.120	-0.052	0.228
sx307	-0.046	-0.020	0.059	-0.201	-0.819	-0.059	-0.120	0.070
sx308	0.378	-0.004	0.483	0.164	-0.466	0.136	0.136	0.195
sx309	-0.095	-0.870	-0.152	-0.083	-0.197	0.082	-0.091	-0.101
sx401	0.888	0.010	0.082	0.161	-0.227	0.034	0.032	-0.078
sx402	0.900	-0.005	0.058	0.162	-0.197	0.030	0.043	-0.054
sx403	0.155	0.386	0.686	0.068	-0.077	0.244	0.053	-0.294
sx404	0.894	0.003	0.070	0.162	-0.212	0.032	0.038	-0.066
sx405	0.060	-0.455	0.221	0.498	-0.246	0.037	0.079	0.309
sx406	-0.759	-0.115	-0.207	0.054	-0.068	0.133	0.090	0.020
sx407	-0.419	0.254	-0.648	-0.122	0.217	-0.130	0.176	-0.177
sx408	0.154	-0.058	0.228	0.873	-0.012	-0.081	0.161	0.052
sx409	-0.259	0.053	0.135	-0.127	-0.088	0.108	-0.650	-0.219
sx410	-0.294	0.350	-0.490	-0.004	0.229	-0.060	-0.107	-0.187
sx501	0.173	0.308	0.089	0.683	0.027	0.011	-0.082	-0.069
sx502	0.166	0.421	-0.511	0.191	0.315	0.053	0.195	-0.084
sx503	0.985	0.045	0.005	0.119	0.025	0.026	0.041	0.016
sx504	0.974	0.076	-0.006	0.118	0.034	0.045	0.023	0.009
sx505	-0.007	0.297	-0.270	0.612	0.237	0.065	0.328	-0.253
sx601	0.124	0.855	-0.116	0.136	-0.167	0.078	-0.077	-0.218
sx602	0.739	0.106	0.080	0.521	0.134	0.155	-0.057	0.024
sx603	-0.065	0.596	-0.063	-0.119	-0.008	-0.228	0.080	0.178
sx604	0.749	-0.001	0.207	0.362	0.010	-0.085	0.003	-0.048
sx605	-0.062	0.710	-0.200	-0.248	-0.112	-0.120	-0.166	-0.005
sx701	0.990	0.033	-0.004	-0.053	0.046	0.003	0.044	0.029
sx702	0.789	0.160	0.273	-0.007	-0.021	0.062	0.205	0.255
sx703	0.085	0.154	0.314	-0.357	0.014	0.292	0.484	0.043
sx801	0.936	0.036	0.125	-0.140	0.090	-0.004	-0.024	-0.010
sx802	0.149	-0.251	0.697	0.047	0.032	0.086	-0.267	-0.278

注：提取方法为主成分分析；

旋转法为有 Kaiser 标准化的方差极大正交旋转法。

a. 旋转在 9 次迭代后收敛。

附录 A.2 2017 年拉美国家营商环境评价体系因子载荷矩阵

附表 A.2 2017 年拉美国家营商环境评价体系因子载荷矩阵

	成分							
	1	2	3	4	5	6	7	8
X101	-0.101	0.514	0.033	0.714	0.19	-0.073	-0.224	0.076
X102	-0.139	-0.286	-0.017	0.084	0.096	-0.225	-0.204	-0.552
X103	0.22	-0.215	0.51	-0.122	0.245	0.201	0.418	0.237
X104	-0.112	0.16	-0.527	0.523	0.197	0.032	0.149	0.099
x201	0.767	0.007	0.554	-0.02	0.065	0.235	0.113	0.06
X202	0.822	0.056	0.466	-0.125	0.054	0.248	0.086	0.091
X203	0.09	0.842	-0.102	0.11	0.065	-0.109	-0.007	0.072
X204	-0.692	-0.066	0.132	-0.014	-0.135	-0.221	-0.117	-0.215
X205	-0.053	-0.277	-0.123	0.171	0.086	-0.038	0.621	0.113
X206	-0.075	-0.218	0.123	0.84	0.142	-0.076	0.31	0.025
X207	-0.114	-0.095	-0.043	0.029	-0.006	0.007	0.049	0.811
X208	0.008	-0.22	0.203	0.831	0.07	-0.038	0.322	0.038
X209	-0.07	-0.022	0.128	0.004	0.294	-0.006	-0.091	0.791
X210	0.217	0.293	-0.019	-0.11	-0.292	-0.371	0.466	0.258
X301	0.816	-0.017	0.476	-0.129	0.059	0.214	0.125	0.115
X302	-0.123	0.113	0.21	0.322	-0.01	0.608	0.525	0.126
X303	-0.06	0.596	0.532	0.201	0.118	-0.077	-0.221	-0.015
X304	-0.106	0.22	0	0.296	-0.3	-0.479	0.084	-0.281
X305	0.093	0.462	-0.142	0.71	0.053	-0.024	-0.237	-0.165
X306	-0.157	0.008	-0.008	-0.413	0.324	0.246	0.67	-0.007
X307	0.162	0.114	-0.704	-0.316	0.085	0.293	0.038	-0.213
X308	0.259	0.008	-0.116	-0.233	0.234	0.742	0.049	0.222

续表

	成分							
	1	2	3	4	5	6	7	8
X309	0.077	-0.746	-0.351	-0.244	-0.139	-0.148	0.111	-0.001
X401	0.858	0.016	0.17	-0.039	0.305	0.118	0.142	0.047
X402	0.853	0.006	0.109	-0.038	0.31	0.1	0.152	0.053
X403	0.102	0.392	0.071	0.002	0.282	0.253	-0.202	0.058
X404	0.857	0.011	0.139	-0.039	0.308	0.109	0.147	0.05
X405	0.119	-0.429	-0.171	0.033	0.544	0.09	0.367	0.095
X406	-0.562	-0.105	-0.451	0.204	-0.14	-0.276	-0.143	0.033
X407	-0.11	0.217	-0.085	0.507	-0.256	-0.441	-0.385	-0.218
X408	0.027	-0.006	0.087	-0.018	0.877	0.084	0.195	0.205
X409	-0.258	-0.071	-0.131	-0.311	-0.16	-0.038	-0.645	0.076
X410	-0.077	0.201	0.083	0.197	-0.042	-0.698	-0.01	-0.092
X501	0.089	0.177	0.048	-0.018	0.85	-0.021	0.01	0.028
X502	-0.015	0.394	0.543	0.077	0.167	0.024	0.108	0.006
X503	0.75	0.03	0.538	-0.01	0.254	0.192	0.08	0.147
X504	0.726	0.06	0.588	-0.034	0.164	0.211	0.035	0.137
X505	0.054	0.08	0.078	0.372	0.693	0.009	0.186	0.16
X601	0.222	0.834	-0.072	0.167	0.082	-0.053	-0.185	0.176
X602	0.564	0.045	0.532	-0.001	0.404	0.18	0.005	0.368
X603	-0.031	0.637	-0.041	0.081	-0.06	-0.07	0.289	-0.233
X604	0.592	-0.009	0.426	-0.073	0.375	0.162	0.229	0.179
X605	-0.085	0.743	0.049	-0.112	-0.156	0.045	-0.129	-0.1
X701	0.823	0.018	0.504	-0.03	0.064	0.193	0.091	0.042
X702	0.561	0.13	0.378	0.094	0.12	0.541	0.232	0.158
X703	-0.066	0.217	0.126	0.032	-0.217	0.605	0.055	-0.058
X801	0.7	0.011	0.543	-0.103	-0.054	0.287	0.077	0.102
X802	-0.075	-0.225	0.099	-0.639	0.213	0.321	0.024	0.216

注：提取方法为主成分分析；

旋转法为具有 Kaiser 标准化的方差极大正交旋转法。

a. 旋转在 10 次迭代后收敛。

附录 B.1 中国—拉美国家双边关系层级统计

（1）安提瓜和巴布达

1983年1月1日，中国与安提瓜和巴布达建交。建交以来，两国友好关系顺利发展，双边高层交往和各领域交流与合作不断加强。

（2）阿根廷

2004年，时任国家主席胡锦涛和基什内尔总统实现互访，中阿建立战略伙伴关系，双边关系进入全面发展的新阶段。

2014年7月，习近平主席对阿根廷进行国事访问，中阿宣布建立全面战略伙伴关系。

（3）巴哈马

1997年5月23日，中国与巴哈马建交。近年来，中巴关系发展顺利，双方保持高层互访势头。

（4）巴巴多斯

1977年5月30日，中国与巴巴多斯建交。近年来，两国高层往来不断，各领域友好合作进一步加强，在国际事务中保持良好沟通与配合。

（5）伯利兹

1987年2月6日中伯建交。1989年10月11日，伯方与台湾当局"建交"；10月23日，中国政府宣布中止与伯外交关系。

（6）玻利维亚

1985年7月9日，中华人民共和国和玻利维亚共和国建立外交关系。建交以来两国关系发展顺利。政治关系不断加强，经贸关系逐步发展，文化、科技和军事等领域的交流与合作不断深化，在一些重大国际和地区问题上立场相同或相似，相互理解和支持。

2018年6月，莫拉莱斯总统访华期间，双方共同宣布中玻建立战略伙伴关系。

（7）巴西

1974年8月15日中国与巴西建立外交关系。1993年，两国建立战略伙伴关系。2012年，两国关系提升为全面战略伙伴关系。

2014年7月，习近平主席出席在巴西举行的金砖国家领导人第六次会晤、中国—拉美和加勒比国家领导人会晤并对巴西进行国事访问。中巴双方发表关于进一步深化中巴全面战略伙伴关系的声明。

（8）智利

中智于1970年12月15日建交。智利是第一个同中国建交的南美洲国家。建交48年来，两国关系发展顺利。双方高层接触频繁，在国际多边领域保持良好合作。智政府坚定奉行一个中国原则。2004年11月，两国建立全面合作伙伴关系。

2012年6月，两国建立战略伙伴关系。2016年11月，两国建立全面战略伙伴关系。

（9）哥伦比亚

1980年2月7日，中华人民共和国和哥伦比亚共和国建立外交关系。

建交以来，两国关系稳步发展，各领域交流与合作不断扩大，在国际事务中保持良好合作。

（10）哥斯达黎加

中国同哥斯达黎加于2007年6月1日建交，2015年中哥建立战略伙伴关系。

（11）古巴

古巴是第一个与中国建交的拉美国家。1960年9月2日，卡斯特罗主席宣布古巴断绝与台湾的关系，表达了与中华人民共和国建立外交关系的意愿。同年9月28日，中古两国政府发表联合公报，确认建交，中古建立传统友好合作关系。

（12）多米尼加

2018年5月1日，国务委员兼外长王毅同多米尼加外长巴尔加斯在北京签署《中华人民共和国和多米尼加共和国关于建立外交关系的联合公报》，多米尼加政府即日断绝同台湾的所谓"外交关系"，中多建立大使级外交关系。

（13）多米尼克

2004年3月23日，中国同多米尼克建交。近年来，中多高层交往不断，两国关系发展顺利。

（14）厄瓜多尔

1980年1月2日，中华人民共和国与厄瓜多尔共和国正式建立外交关系。

建交以来，中厄关系发展顺利。2015年1月，中厄建立战略伙伴关系。2016年11月，两国关系提升为全面战略伙伴关系。

（15）萨尔瓦多

2018年8月21日，国务委员兼外长王毅同萨尔瓦多外长卡斯塔内达在北京签署《中华人民共和国和萨尔瓦多共和国关于建立外交关系的联合公报》，萨尔瓦多政府即日断绝同台湾的所谓"外交关系"，中萨建立大使级外交关系。

（16）格林纳达

中格于1985年10月1日建交。1989年7月19日，格政府宣布与台湾当局"建交"；8月7日，中国中止了与格的外交关系。2005年1月20日，中格签署了关于恢复外交关系的联合公报，宣布自即日起正式恢复外交关系。

（17）危地马拉

中危没有建立外交关系。

（18）圭亚那

1972年6月27日，中国与圭亚那建交。近年来，两国友好合作关系发展顺利，高层往来不断，在国际事务中保持良好配合。

（19）海地

中海没有建立外交关系。

（20）洪都拉斯

中洪没有建立外交关系。

（21）牙买加

1972年11月21日中国同牙买加建立外交关系。2005年2月，两国建立"共同发展的友好伙伴关系"。近年来，两国友好合作关系发展顺利，高层往来不断，在国际事务中保持良好配合。2008年4月，中牙建立并启动两国外交部官员会晤机制。

（22）墨西哥

中国同墨西哥于1972年2月14日建交。

2003年12月,温家宝总理访墨,两国建立战略伙伴关系。2013年6月习近平主席访墨期间,两国元首共同宣布将双边关系提升为全面战略伙伴关系。

(23)尼加拉瓜

中尼现没有建立外交关系。两国曾于1985年12月7日建交。1990年11月6日,尼台"复交"。11月9日,中国政府宣布中止与尼外交关系。

(24)秘鲁

1971年11月2日,中华人民共和国和秘鲁共和国正式建立外交关系。建交以来,双边关系长期稳定健康发展。

2008年11月,中秘建立战略伙伴关系。2013年4月,两国关系提升为全面战略伙伴关系。

(25)巴拿马

2017年6月13日,外交部长王毅同巴拿马副总统兼外长德圣马洛在北京签署《中华人民共和国和巴拿马共和国关于建立外交关系的联合公报》,巴拿马政府即日断绝同台湾的所谓"外交关系",中巴建立大使级外交关系。

(26)巴拉圭

中巴没有建立外交关系。

(27)圣基茨和尼维斯

中国与圣基茨和尼维斯没有建立外交关系。

(28)圣卢西亚

1997年9月1日,中国与圣卢西亚建交。2007年4月30日,圣与台湾当局"复交";5月5日,中国政府宣布中止同圣的外交关系。

（29）圣文森特和格林纳丁斯

中圣没有建立外交关系。

（30）苏里南

1976年5月28日，中国与苏里南建交。近年来，两国高层交往不断，在国际事务中保持良好配合。

（31）特立尼达和多巴哥

1974年6月20日，中国同特立尼达和多巴哥建交。2005年，两国建立"互利发展的友好合作关系"。

（32）乌拉圭

1988年2月3日，中国同乌拉圭建交。建交以来，两国关系发展顺利。两国保持各层次往来，在国际事务中相互理解和支持。乌政府坚定奉行一个中国政策。2001年时任国家主席江泽民访乌，两国建立长期稳定、平等互利的友好合作关系。

（33）委内瑞拉

1974年6月28日，中华人民共和国与委内瑞拉共和国正式建立外交关系。

2001年，中委建立共同发展的战略伙伴关系。2014年7月，在对委内瑞拉进行国事访问期间，习近平主席同马杜罗总统共同宣布将中委关系提升为全面战略伙伴关系。

附录 B.2 中国—拉美国家发表联合声明个数

（1）安提瓜和巴布达

《中华人民共和国和安提瓜和巴布达建立外交关系的联合公报》（1982年12月）

（2）阿根廷

《中华人民共和国和阿根廷共和国关于建立外交关系的联合公报》（1972年2月16日）

《中华人民共和国和阿根廷共和国联合声明》（2010年7月）

《中华人民共和国政府和阿根廷共和国政府联合声明》（2012年6月）

《中华人民共和国和阿根廷共和国关于建立全面战略伙伴关系的联合声明》（2014年7月）

《中华人民共和国和阿根廷共和国关于加强两国全面战略伙伴关系的联合声明》（2015年2月）

《中华人民共和国和阿根廷共和国联合声明》（2017年5月）

（3）巴哈马

《中华人民共和国和巴哈马国关于建立外交关系的联合公报》（1997年5月21日）

（4）巴巴多斯

《中华人民共和国和巴巴多斯关于建立外交关系的联合公报》（1977年5月30日）

（5）伯利兹

无

（6）玻利维亚

《中华人民共和国和玻利维亚共和国关于建立外交关系的联合公报》（1985年7月9日）

《中华人民共和国政府与多民族玻利维亚国政府关于建立战略伙伴关系的联合声明》（2018年6月）

（7）巴西

《中巴建立外交关系的联合公报》（1974年8月15日）

《中巴联合公报》（2004年5月24日）

《中巴关于进一步加强中巴战略伙伴关系的联合公报》（2009年5月19日）

《中华人民共和国和巴西联邦共和国联合新闻公报（全文）》（2010年4月16日）

《中巴联合公报》（2011年4月12日）

《中华人民共和国政府和巴西联邦共和国政府联合声明》（里约热内卢，2012年6月21日）

《中华人民共和国和巴西联邦共和国关于进一步深化中巴全面战略伙伴关系的联合声明》（2014年7月17日）

《中华人民共和国政府和巴西联邦共和国政府在巴西利亚发表联合声明》（2015年5月19日）

（8）智利

《中华人民共和国政府和智利共和国政府关于建立外交关系的联合公报》（1970年12月15日）

《中国与智利发表联合新闻公报》（2008年4月14日）

《中华人民共和国政府和智利共和国政府联合声明》（2012年6月）

《关于完成中智自贸协定关于投资的补充协定谈判的联合声明》(2012年6月)

《中华人民共和国政府和智利共和国政府在圣地亚哥发表联合声明》(2015年5月25日)

《中华人民共和国和智利共和国关于建立全面战略伙伴关系的联合声明》(2016年11月22日)

《中华人民共和国和智利共和国联合声明》(2017年5月15日)

(9) 哥伦比亚

《中华人民共和国和哥伦比亚共和国关于建立外交关系的联合公报》(1980年2月7日)

《中华人民共和国政府和哥伦比亚共和国政府联合声明》(2015年5月)

(10) 哥斯达黎加

《中华人民共和国和哥斯达黎加共和国关于建立外交关系的联合公报》(2007年6月1日)

《中华人民共和国和哥斯达黎加共和国联合声明》(2015年1月6日)

(11) 古巴

《中华人民共和国和古巴共和国建交联合公报》(1960年9月28日)

(12) 多米尼加

《中华人民共和国和多米尼加共和国关于建立外交关系的联合公报》(2018年5月1日)

(13) 多米尼克

《中华人民共和国和多米尼克国关于建立外交关系的联合公报》(2004年3月23日)

(14) 厄瓜多尔

《中华人民共和国和厄瓜多尔共和国关于建立外交关系的联合公报》(1979年12月24日)

《中华人民共和国和厄瓜多尔共和国关于建立战略伙伴关系的联合声明》(2015年1月)

《中华人民共和国和厄瓜多尔共和国关于建立全面战略伙伴关系的联合声明》(2016年11月)

《中华人民共和国和厄瓜多尔共和国联合新闻公报》(2018年12月)

(15) 萨尔瓦多

无外交关系

(16) 格林纳达

《中华人民共和国与格林纳达恢复外交关系的联合公报》(2005年1月)

(17) 危地马拉

无外交关系

(18) 圭亚那

《中华人民共和国和圭亚那合作共和国关于建立外交关系的联合公报》(1972年6月27日)

(19) 海地

无

(20) 洪都拉斯

无

(21) 牙买加

《中华人民共和国和牙买加建立外交关系的联合公报》（1972年11月）

(22) 墨西哥

《关于中华人民共和国和墨西哥合众国建立外交关系的联合公报》（1972年2月14日）

《中国和墨西哥联合新闻公报》（2008年7月11日）

《中华人民共和国和墨西哥合众国联合声明》（2013年6月4日）

(23) 尼加拉瓜

无外交关系

(24) 秘鲁

《中华人民共和国和秘鲁共和国建立外交关系的联合公报》（1971年11月2日）

《中华人民共和国与秘鲁共和国联合新闻公报》（2008年11月20日）

《中华人民共和国政府和秘鲁共和国政府联合声明（全文）》（2015年5月23日）

《中秘关于深化全面战略伙伴关系的联合声明》（2016年9月）

(25) 巴拿马

《中华人民共和国和巴拿马共和国关于建立外交关系的联合公报》（2017年6月13日）

《中华人民共和国和巴拿马共和国联合声明（全文）》（2017 年 11 月 17 日）

《中华人民共和国和巴拿马共和国联合新闻公报（全文）》（2018 年 12 月）

（26）巴拉圭

无

（27）圣基茨和尼维斯

无

（28）圣卢西亚

《中华人民共和国和圣卢西亚关于建立外交关系的联合公报》（2000 年 11 月 7 日）

（29）圣文森特和格林纳丁斯

无

（30）苏里南

《中华人民共和国政府和苏里南共和国政府关于建立外交关系的联合公报》（1976 年 5 月 28 日）

（31）特立尼达和多巴哥

《中华人民共和国和特立尼达和多巴哥建立外交关系的联合公报》（1974 年 6 月）

（32）乌拉圭

《中华人民共和国政府和乌拉圭东岸共和国政府建立外交关系的联合公报》（1988 年 2 月）

《中华人民共和国政府与乌拉圭东岸共和国政府联合声明》（2012 年 6 月）

《中华人民共和国和乌拉圭东岸共和国关于建立战略伙伴关

系的联合声明》(2016年10月)

（33）委内瑞拉

《中华人民共和国和委内瑞拉共和国建立外交关系的联合公报》(1974年6月28日)

《中华人民共和国和委内瑞拉玻利瓦尔共和国关于建立全面战略伙伴关系的联合声明》(2014年7月22日)

附录 B.3　拉美各国加入亚投行时间

国家名称	加入亚投行时间
阿根廷	2017 年 6 月 16 日
玻利维亚	2017 年 5 月 13 日
巴西	2015 年 3 月 27 日
智利	2017 年 5 月 13 日
厄瓜多尔	2017 年 12 月
秘鲁	2017 年 3 月

附录 B.4　中国在拉美孔子学院分布

(1) 阿根廷

2009年5月27日，布宜诺斯艾利斯大学孔子学院

2010年9月1日，拉普拉塔国立大学孔子学院

(2) 巴哈马

2012年10月17日，巴哈马大学孔子学院

(3) 巴巴多斯

2014年7月7日，西印度大学凯夫希尔分校孔子学院

(4) 玻利维亚

2011年9月3日，圣西蒙大学孔子学院

(5) 巴西

2008年11月26日，圣保罗州立大学孔子学院

2010年3月29日，巴西利亚大学孔子学院

2011年9月1日，里约热内卢天主教大学孔子学院

2012年4月25日，南大河州联邦大学孔子学院

2012年7月19日，FAAP商务孔子学院

2013年11月29日，米纳斯吉拉斯联邦大学孔子学院

2013年6月15日，伯南布哥大学孔子学院

2014年7月17日，帕拉州立大学孔子学院

2014年7月17日，塞阿拉联邦大学孔子学院

2015年4月22日，坎皮纳斯州立大学孔子学院

(6) 智利

2008年4月28日，圣·托马斯大学孔子学院

2009年5月6日，智利天主教大学孔子学院

（7）哥伦比亚

2007年11月2日，安第斯大学孔子学院

2010年4月30日，麦德林孔子学院

2013年5月7日，波哥大豪尔赫·塔德奥·洛萨诺大学孔子学院

（8）哥斯达黎加

2009年8月7日，哥斯达黎加大学孔子学院

（9）古巴

2009年11月30日，哈瓦那大学孔子学院

（10）厄瓜多尔

2010年12月27日，基多圣弗朗西斯科大学孔子学院

（11）圭亚那

2013年3月24日，圭亚那大学孔子学院

（12）牙买加

2009年2月13日，西印度大学莫纳分校孔子学院

（13）墨西哥

2006年11月22日，墨西哥城孔子学院

2007年3月11日，新莱昂州自治大学孔子学院

2007年9月25日，尤卡坦自治大学孔子学院

2008年3月5日，奇瓦瓦自治大学孔子学院

2008年11月12日，墨西哥国立自治大学孔子学院

（14）秘鲁

2008年11月19日，圣玛丽亚天主教大学孔子学院

2009年3月20日，秘鲁天主教大学孔子学院

2009年8月17日，皮乌拉大学孔子学院

2010年11月11日，里卡多帕尔玛大学孔子学院

（15）特立尼达和多巴哥

2013年10月20日，西印度大学圣奥古斯丁分校孔子学院

（16）委内瑞拉

2015年9月2日，委内瑞拉玻利瓦尔大学孔子学院

（17）苏里南

2017年2月16日，苏里南大学孔子学院

（18）巴拿马

2017年9月16日，巴拿马大学孔子学院

（19）乌拉圭

2017年10月，乌拉圭共和国大学孔子学院

岳云霞，女，经济学博士，研究员，博导。现为中国社会科学院拉丁美洲研究所经济研究室主任，中国社会科学院优势学科（拉美经济学科）带头人，中国社会科学院青年人文社会科学研究中心常务理事、中国拉丁美洲学会常务理事、中国经济史学会外国经济委员会理事。专业从事拉美经济、中拉经济关系、国际经贸与投资等研究。

洪朝伟，女，经济学博士。现为中国社会科学院拉丁美洲研究所经济研究室助理研究员。主要研究方向为：拉美经济、宏观金融。

郭凌威，女，经济学博士。现为中国社会科学院拉丁美洲研究所经济研究室助理研究员。主要研究方向为：拉美经济、国际直接投资。